LES NOUVEAUX REMÈDES NATURELS

DU MÊME AUTEUR

Voir page 321.

Jean-Marie Pelt

Les nouveaux remèdes naturels

Fayard

© Librairie Arthème Fayard, 2001.

À mes confrères pharmaciens qui dans les laboratoires et les officines sont au cœur du dispositif de création, de contrôle et de dispersation des médicaments.

Quand la nature guérit...

Partout dans le monde la recherche de nouvelles plantes actives bat son plein. Chaque année, des milliers d'entre elles subissent par exemple des tests systématiques afin de tenter de mettre en évidence chez elles des propriétés anticancéreuses ou antisida. Ces tests sont notamment effectués aux États-Unis dans le cadre du National Cancer Institute. Pas moins de 36 000 extraits ont ainsi été testés, parmi lesquels cent vingt-trois espèces ont manifesté *in vitro* une certaine activité sur le VIH. Sur ces dernières, deux ont fourni des molécules actives, actuellement en phase d'évaluation clinique, ultime étape avant la mise sur le marché d'un nouveau médicament. L'une d'elles, la michellamine-B, provient des feuilles d'une liane camerounaise [1]. D'autres, les calanolides, sont isolées à partir d'un arbre originaire de Malaisie [2]. Qui eût jamais songé que cet arbre extrêmement répandu en lisière des plages tropicales, et qui avait déjà fourni à la cosmétologie une huile appréciée, s'inscrirait un jour au « top niveau » de la recherche contre le sida ?

D'autres espèces repérées pour leurs propriétés antivirales font également l'objet de recherches intenses, quoique moins avancées. Rappelons néanmoins que l'AZT, premier médicament du sida, aujourd'hui obtenu par synthèse, fut initialement fabriqué à partir du sperme de hareng...

Par ces exemples empruntés à la thérapeutique d'une maladie grave et récente, on voit le poids important que représentent les substances naturelles dans les stratégies thérapeutiques en cours d'évaluation. Quant à la prévention du sida, est-il besoin de souligner qu'elle recourt aux préservatifs en latex, autre substance d'origine naturelle. Ainsi la nature est-elle fortement sollicitée face à une maladie qui mobilise désormais des milliers de chercheurs à travers le monde.

---

1. *Ancistrocladus korupensis.*
2. *Calophyllum inophyllum.*

Pour le cancer, des scénarios analogues sont déployés ; mais, ayant débuté beaucoup plus tôt, les recherches ont d'ores et déjà abouti à la diffusion de plusieurs médicaments importants. Ainsi la nature est-elle sollicitée, et ce, depuis la nuit des temps, pour fournir à l'homme des armes thérapeutiques que les progrès de la recherche rendent de plus en plus sophistiquées.

La première moitié du XXe siècle fut largement consacrée à la mise au point de médicaments de synthèse. L'on pensait alors que ceux-ci finiraient par remplacer peu à peu toutes les vieilles préparations à base de plantes qui, dans leurs flacons ou leurs bocaux, faisaient le charme des officines d'autrefois. Mais la découverte de la réserpine au début des années 50 allait infléchir ce scénario. Cette molécule issue d'un arbrisseau de l'Inde *(Rauwolfia serpentina)* révéla des propriétés « tranquillisantes », selon le terme inventé par F. Youkman et qui désigne aujourd'hui la vaste série des benzodiazépines. Elles justifiaient l'usage courant des racines de cette plante que Gandhi, dit-on, consommait chaque soir sous forme d'infusion. On s'interrogea alors sur les trésors que devaient recéler les pratiques traditionnelles des divers continents qui, en matière thérapeutique, avaient largement recours aux plantes. On entreprit donc de les explorer.

Mais, le « progrès » pénétrant partout, y compris dans les milieux et les ethnies les plus isolés, le savoir des chamans, des tradipraticiens et autres guérisseurs est de moins en moins transmis aux jeunes générations « branchées » sur leurs transistors jusqu'au fin fond des jungles les plus reculées. Et l'étrange phénomène qui, par une révolution dont on n'a sans doute pas encore mesuré toutes les conséquences, fait des enfants de ce siècle les formateurs de leurs parents, et non plus l'inverse, s'étend désormais à l'ensemble de la planète. De sorte que « ceux qui savent » disparaissent sans transmettre leur savoir à leurs descendants. Des pans entiers de la connaissance basculent ou risquent ainsi de disparaître dans l'oubli et l'on conçoit d'autant plus la validité d'une jeune discipline, l'ethnopharmacologie, qui s'emploie à sauvegarder ces savoirs ancestraux. Par là sont aujourd'hui repérées, répertoriées et consignées partout dans le monde des plantes réputées actives et dont il appartient à la science moderne de préciser les propriétés et les usages — une tâche à laquelle s'emploient d'innombrables laboratoires publics ou privés.

Les nouveaux remèdes naturels

Plus récemment, l'irruption du génie génétique a imprimé un nouvel élan à l'effort de prospection. On a vu de grandes multinationales effectuer des collectes de plantes censées contenir des gènes intéressants, susceptibles d'être réutilisés sous forme de plantes transgéniques. Ces entreprises — Monsanto à leur tête — ont ainsi entrepris d'écumer littéralement la planète, passant au peigne fin les jungles les plus hostiles. Les modes d'approche varient, mais relèvent toujours de trois types de stratégie : le premier vise à récolter systématiquement toutes les plantes rencontrées dans les milieux prospectés, comme on le fit voici plus de trente ans pour la recherche de nouveaux « anticancéreux » ; le second s'appuie sur des recherches ethno-pharmacologiques effectuées à partir du savoir des guérisseurs, souvent abusivement approprié, au demeurant, sans que ces derniers ou leurs ethnies en tirent en retour quelque bénéfice que ce soit ; le troisième vise à limiter la collecte aux seules plantes appartenant à des « familles phares » connues pour leur richesse en molécules pharmacologiquement actives. Les chances de tomber sur une molécule intéressante s'en trouvent du coup accrues.

Ces trois types de prospection sont souvent menés simultanément et doivent être considérés comme complémentaires. Ainsi l'approche ethnopharmacologique, quoique plus lente et exigeant de solides connaissances en ethnologie, permet d'augmenter significativement le rythme des découvertes, comme le montrent les recherches effectuées par Mickael Balick auprès des guérisseurs du Belize. Il signale que sur cent trente et une espèces recueillies auprès de ceux-ci, quatre se sont révélées de puissants agents de relaxation des muscles vasculaires, manifestant par conséquent des propriétés hypotensives. En revanche, sur un nombre égal d'espèces récoltées au hasard, aucune n'a produit d'effet comparable.

Ce travail de terrain accompli, l'aventure se poursuit au laboratoire : les progrès de la chimie extractive et de la chimie de synthèse permettent d'obtenir rapidement les molécules contenues dans ces plantes, d'en déterminer la structure, de les reproduire si possible par synthèse, et de tester leurs activités pharmacologiques. Puis ces molécules sont copiées et des homologues de synthèse voient le jour en vue d'améliorer leurs performances thérapeutiques ou de diminuer leurs effets secondaires indésirables. Ainsi s'accumulent des banques de molécules très fournies dont les réserves sont puissamment démultipliées par les techniques modernes dites de « synthèse combinatoire », celles-ci conduisant à la fabrication automatisée par robot de milliers de substances artificielles voisines d'un modèle dont elles ne diffèrent que par quelques menues modifications. Ces molécules sont ensuite soumises à des tests pharmacologiques, eux-mêmes robotisés à grande échelle. Bref, les molécules présentes dans les plantes et leurs analogues synthétiques sont soumises à des robots sommés de faire connaître dans les plus brefs délais l'éventuel intérêt pharmacodynamique révélé par tel ou tel test.

Des milliers et des milliers de plantes ont ainsi été disséquées, analysées, testées, et leurs molécules synthétisées sans que beaucoup d'entre elles aient pour autant émergé en thérapeutique. Seules quelques dizaines de molécules et donc quelques dizaines de plantes ont réussi à survivre à ces impitoyables *screenings* qui laissent en chemin une infinité de végétaux rejetés ou de molécules orphelines : soit que n'aient pas été confirmés lors des essais cliniques les espoirs suscités par les essais pharmacologiques ; soit encore que la synthèse des molécules étudiées soit difficile et coûteuse et que leur culture apparaisse parallèlement comme aléatoire ; soit enfin que par leurs effets elles ne réussissent pas à se hisser à un niveau de « service médical » suffisant qui leur ferait dominer la plupart des médicaments existants sur le marché dans la même classe pharmacologique. Car la compétition en la matière est d'autant plus sévère que des médicaments plus performants voient sans cesse le jour, rendant la concurrence de plus en plus vive et parfois... sauvage !

Beaucoup d'espèces végétales dont il sera question ici — comme le ginkgo, le ginseng ou le millepertuis... — n'ont pas encore livré la totalité de leur composition chimique. Si leurs effets pharmacologiques et cliniques ont pu être démontrés par des tests appropriés, les molécules responsables de ces activités restent encore partiellement inconnues. Dès lors, il est nécessaire d'avoir recours à des extraits aux multiples composants. Or il est difficile, pour de tels extraits, d'obtenir une autorisation de mise sur le marché, les États-Unis privilégiant la molécule chimiquement définie et l'Europe n'étant pas loin de les suivre. Autant dire que les chances d'émerger, pour une plante dont les effets sont incontestables mais dont la composition demeure mystérieuse, sont pratiquement nulles...

Les nouveaux remèdes naturels

Pourtant, un public de plus en plus large a recours aujourd'hui aux médicaments naturels. Les officines regorgent de gélules en tout genre, d'ailleurs souvent disponibles en d'autres points de vente, notamment dans la grande distribution. Si la qualité pharmacologique de ces médicaments peut parfois être mise en doute, il n'empêche qu'ils témoignent d'un appétit des consommateurs que les professionnels de la santé ne sauraient ignorer. Il nous a toujours semblé que, pour bon nombre de ces produits, un effort de moralisation s'imposait, en particulier une rigoureuse évaluation scientifique de leurs effets afin d'éviter à des consommateurs confiants les déboires d'une médication insuffisamment active et aux propriétés parfois discutables.

À l'heure où les progrès scientifiques et technologiques en matière de médicaments vont bon train, il nous a paru utile d'évoquer les grandes tendances qui se dessinent aujourd'hui en ce domaine des médicaments issus de la nature : extraits ou molécules déjà sur le marché ou susceptibles d'y figurer dans les années à venir en raison des tests pharmacologiques et cliniques en cours. Certes, il est actuellement de bon ton de nous rebattre les oreilles avec les miracles annoncés de la thérapie génique, censés finir par ravaler au magasin des accessoires tous les médicaments classiques. S'il est hors de question de nier les espérances justifiées que peut faire naître le génie génétique appliqué au monde du médicament, il faut néanmoins bien se souvenir que les espoirs suscités par les thérapies géniques ne pourront se concrétiser que dans un avenir plutôt lointain et largement aléatoire, les déboires ayant jusqu'ici été en ce domaine plus nombreux que les succès...

D'autres voies radicalement nouvelles se présentent encore à nous, comme les médicaments issus des êtres peuplant le milieu marin ou du venin des animaux. Dans ces deux domaines fortement prospectifs, la recherche s'annonce prometteuse. Mais l'on s'intéressera aussi à des plantes jusqu'ici écartées du domaine thérapeutique en raison des dégâts désastreux qu'engendre le mauvais usage qu'on en fait, mais qui sont pourtant aujourd'hui candidates à devenir des médicaments : tel est le cas, par exemple, du tabac ou du cannabis. On s'interrogera aussi sur l'avenir des antibiotiques, de moins en moins efficaces, confrontés qu'ils sont à des résistances bactériennes de plus en plus fréquentes. Cette arme formidable de la médecine va-t-elle s'émousser ? Saura-t-on éviter les décès par septicémie, de plus en plus fréquents dans les hôpitaux où se concentrent désormais des souches bactériennes résistant à tous les antibiotiques ? Quelles perspectives de renouveau en ce domaine où la recherche bat aussi son plein ?

Autant de questions qui font aujourd'hui l'actualité du médicament. À une bonne part d'entre elles, en tout cas, les réponses nous viendront de la nature.

Il est difficile d'évaluer avec précision la part des médicaments d'origine naturelle dans la thérapeutique mondiale. Celle-ci est estimée à 40 ou 50 % des médicaments mis sur le marché. Parmi ceux-ci, les deux tiers proviennent de plantes, 5 à 10 % d'animaux, 20 à 25 % de micro-organismes. Si l'on y ajoute les molécules directement inspirées de modèles naturels mais légèrement modifiées par synthèse, le chiffre global des remèdes naturels ou directement inspirés de la nature s'élèverait à environ 60 % de l'ensemble des médicaments actuellement utilisés.

Comme on le voit, la nature n'a vraiment pas dit son dernier mot !

CHAPITRE PREMIER

Quand l'aspirine retrouve une nouvelle jeunesse...

L'histoire de l'aspirine remonte aux origines de la médecine. Elle mêle ses racines à celles du saule dont Hippocrate, au IVe siècle avant J.-C., recommandait d'utiliser l'écorce en infusion pour le traitement des rhumatismes. La tradition se perpétua et l'on en fit de tout temps grande consommation, au point que les propriétaires de ruisseaux et rivières finirent par s'opposer à la récolte de l'osier destiné à la vannerie qui, comme chacun sait, est du saule.

Le saule vit les pieds dans l'eau et ses rameaux sont flexibles. Il n'en fallait pas plus pour trouver dans ces deux qualités une justification de la fameuse Théorie des Signatures, présente dans la plupart des traditions thérapeutiques, selon laquelle la nature indique par certains signes extérieurs — des clins d'œil, pourrait-on dire — les propriétés des plantes qu'elle met à notre disposition pour nous soigner. Rameaux flexibles contre rhumatismes ankylosants, arbres vivant les pieds dans cette humidité si redoutée des rhumatisants : le saule affichait par là ses vertus !

Mais rester les pieds mouillés peut aussi donner la fièvre... Or les saules peuplaient les marécages infestés par la pire d'entre elles : le paludisme ou malaria. Toujours selon cette fameuse théorie formalisée au XVIe siècle par Jean-Baptiste Porta, il était logique de voir dans le saule un médicament capable non seulement de soulager les rhumatismes, mais aussi de guérir la malaria et les fièvres qu'elle engendre.

Bref, croissant les pieds dans l'eau sans en souffrir, le saule se devait d'être efficace contre les affections dues aux pieds mouillés. Telle était, selon Edmund Stone, la signature de son action thérapeutique, qu'il exposa le 2 juin 1763 à la Royal Society de Londres dans une communication mémorable intitulée *« Compte rendu des succès de l'écorce de saule dans le traitement de la fièvre »*. Stone y insistait sur le fait que cette écorce possède un goût astringent et amer comparable à celui d'une certaine écorce d'origine péruvienne, le quinquina, déjà reconnue à cette époque comme le remède souverain contre la malaria. Par ailleurs, il semblait logique de localiser le médicament dans l'écorce, puisque celle-ci, l'enveloppant, protège l'arbre et lui évite sans doute par là les désagréments contractés par l'individu, fût-il arbre, lorsqu'il garde les pieds dans l'eau. C'est ainsi que la décoction d'écorces de saule devint un médicament officiel spécifique de la fièvre et — ce qui est plus contestable... — de la malaria.

Si c'est le XVIIIe siècle qui préside à l'entrée officielle de l'écorce de saule dans la thérapeutique officielle, c'est le XIXe qui voit s'éclaircir sa composition chimique et donne naissance au premier de tous les médicaments : l'aspirine.

Dès 1829, un pharmacien français de Vitry-le-François, Leroux, isole à partir de l'écorce une substance qu'il nomme salicine (dérivé de *Salix*, nom latin du saule). Il obtient 30 grammes de salicine à partir de 500 grammes d'écorce. Quelques années plus tard, la salicine fournit par oxydation l'acide salicylique dont on découvre simultanément un précurseur, l'aldéhyde salicylique, dans une plante particulièrement répandue dans les prés humides : la spirée, plus connue sous le nom de reine-des-prés. L'invasion d'un pré par la spirée signifie que celui-ci devient marécageux et peu propice au pâturage. La spirée signe ainsi à sa manière son aptitude à vivre elle aussi les pieds mouillés ; dès lors, comment s'étonner, toujours selon l'énigmatique Théorie des Signatures, qu'elle contienne un corps apparenté à l'acide salicylique ? Ce que confirmèrent ses propriétés antirhumatismales, précisément celles qu'on avait de tout temps attribuées au saule.

Puis un autre pharmacien français, Auguste Caource, démontre, en 1844, qu'un autre remède traditionnel de la fièvre, l'essence de Wintergreen, contient un dérivé méthylé de l'acide salicylique ; le wintergreen, ou thé du New Jersey, dit encore thé du Canada, désigne un sous-arbrisseau américain de la famille de la bruyère [1].

L'histoire de l'acide salicylique s'éloigne ensuite des plantes qui le contiennent directement ou sous forme dérivée, pour se poursuivre dans le domaine de la chimie organique. Déjà largement employé contre les rhumatismes, l'acide présentait des effets secondaires fâcheux. Il provoquait des bourdonnements d'oreilles et surtout des

---

1. *Gaultheria procumbens.*

douleurs gastriques qui le rendaient difficile à supporter. Bref, il fallait choisir entre calmer ses douleurs rhumatismales ou souffrir de brûlures d'estomac ! C'est un dilemme que R. Hoffmann, commerçant allemand de Würtemburg, réussit à éluder grâce au concours de son fils Félix, pharmacien diplômé de Munich et chercheur au centre de recherche des laboratoires pharmaceutiques Bayer, à Ebersfeld.

Félix tente de trouver un dérivé de l'acide salicylique qui ne mette pas à mal la muqueuse gastrique. En 1897, il prépare l'acide acétylsalicylique, un dérivé qui avait déjà été obtenu dès 1853 par un pharmacien de Strasbourg, Gerhardt. Celui-ci comptait en reprendre l'étude ultérieurement, mais sa mort prématurée avait interrompu ses recherches.

Aussitôt, l'Allemagne, qui possédait déjà à la fin du XIXe siècle la première industrie chimique mondiale grâce à la fabrication de colorants par de très grandes entreprises telle que I.G. Farben, prit une position dominante dans celle des dérivés salicylés. La première usine de synthèse ouvre à Dresde dès 1874. En 1876, Franz Striker et Ludwig Kries démontrent l'efficacité des salicylés contre le rhumatisme articulaire à des doses de 5 à 6 grammes par jour. En 1897, la société Bayer nomma le nouveau médicament de Félix Hoffman *aspirine* : le « a » est l'initiale d'acétyle, le « spir » vient de spirée, à quoi on ajoute le suffixe « ine » qui rapproche le médicament de la plupart des produits découverts au cours de ce siècle (tels que morphine, adrénaline, cocaïne, etc.).

L'aspirine connut en un rien de temps un succès fabuleux. Sa carrière répondait parfaitement à la règle des « quatre G » qui, selon le médecin allemand Paul Ehrlich, prix Nobel en 1908, résume les conditions essentielles au progrès scientifique : *« Gedult, Geschik, Geld und Glück »* (patience, habileté, argent et chance). De fait, toutes ces bonnes fées semblaient s'être donné rendez-vous autour du berceau de l'aspirine. Dès 1900, Bayer produit 4 tonnes d'aspirine ; en 1904, sa production passe à 25 tonnes. Au début, l'aspirine est commercialisée sous forme de poudre conditionnée en flacons de verre ou en sachets ; puis, très vite, on la trouve en comprimés qui lancent cette nouvelle « forme » pharmaceutique. Un siècle plus tard, les Américains en consomment 3 600 tonnes par an (soit 8 milliards de comprimés). Les Français, tout aussi gourmands, en absorbent 1,7 milliard d'unités sous une forme ou une autre (comprimés, sachets, etc.), soit 30 unités en moyenne par an et par individu. La consommation mondiale est estimée à 100 milliards d'unités. Le succès fut tel que la marque Aspirine®, qui appartenait exclusivement à la firme Bayer, fit l'objet d'un codicille au traité de Versailles, en 1919, aux termes duquel les Alliés imposaient à l'Allemagne vaincue l'utilisation de ce même nom pour désigner le produit aussi bien en France qu'en Grande-Bretagne et aux États-Unis...

Mais l'aspirine connut bientôt la concurrence de toute une série de dérivés voisins comme le paracétamol — qui lui fait toujours une solide concurrence — dont l'effet analgésique semble se manifester au niveau du cerveau alors que l'aspirine agit pour sa part en périphérie.

Dès les débuts de son utilisation, l'aspirine présentait un éventail d'indications thérapeutiques très large qui ne fit que s'élargir encore par la suite avec l'arrivée sur le marché de toute une gamme de dérivés salicylés. Aux doses les plus faibles — quelques dizaines de milligrammes par jour —, ils soignent et peuvent prévenir les infarctus du myocarde et les thromboses cérébrales. À doses supérieures — un demi à 3 grammes par jour —, ils diminuent la fièvre et les douleurs. À des doses encore plus fortes — entre 4 et 8 grammes par jour —, ils atténuent l'inflammation et le gonflement des articulations dans le rhumatisme articulaire aigu, la goutte et la polyarthrite rhumatoïde. Les consommations à très faibles doses s'imposèrent lorsqu'on découvrit que l'aspirine ralentissait la coagulation sanguine, ce que confirmait d'ailleurs la tradition populaire qui déconseillait aux femmes la prise d'aspirine pendant leurs règles. Cette sage précaution valut à Raspoutine une partie de son influence à la Cour de Russie, sous le règne de Nicolas II, lorsqu'il recommanda de remplacer l'aspirine par des prières pour soigner le Tsarévitch hémophile !

Une enquête conduite dans plus de quatre cents hôpitaux de seize pays a démontré que les accidents coronariens étaient deux fois moins fréquents chez les sujets qui prenaient tous les jours de petites doses d'aspirine.

À partir des années 1970, on a commencé à s'intéresser de plus près aux modes d'action de l'aspirine. (Soulignons que si l'aspirine avait prétendu être commercialisée dans les conditions d'aujourd'hui, elle n'aurait certainement pas obtenu l'autorisation de mise sur le marché et n'aurait donc jamais fait partie de la pharmacopée universelle, puisque son mode d'action était encore inconnu et que les risques hémorragiques constituaient un effet secondaire gênant !) En 1971, John Vane, du Collège royal de Chirurgie de Londres, prix Nobel de médecine en 1982, propose un mécanisme d'action cohérent. Sa théorie fait intervenir des hormones que l'on trouve localement dans les tissus : les prostaglandines. Il note que ces prostaglandines, provoquant une forte vasodilatation des vaisseaux, peuvent entraîner des rougeurs et des symptômes inflammatoires, voire de la fièvre. Il démontre que l'aspirine et ses dérivés inhibent la synthèse de ces prostaglandines, et, du même coup, l'agrégation des plaquettes, phénomène contrôlé par ces hormones et qui, s'il est inhibé, entraîne une diminution de la coagulation sanguine.

Cette théorie des prostaglandines paraît fort séduisante, dans la mesure où elle explique de nombreux effets secondaires de l'aspirine, notamment l'irritation de l'estomac avec l'apparition d'ulcères gastriques. Les prostaglandines réduisent en effet la production d'acide par la muqueuse gastrique, et favorisent au contraire la synthèse du mucus qui protège l'estomac contre sa propre digestion. Lorsque la synthèse des prostaglandines est bloquée par les salicylés, la production d'acide est accrue et la paroi de l'estomac attaquée.

Outre ses propriétés analgésiques, fébrifuges et antirhumatismales, ainsi que son action sur les plaquettes réduisant la coagulation sanguine, l'aspirine a révélé récemment d'autres potentialités.

Des études menées aux États-Unis ont montré qu'elle pouvait modifier chimiquement les protéines du cristallin et, par là, protéger de la cataracte. C'est au radical acétyl, libéré par l'acide acétylsalicylique dans les tissus, qu'il faut attribuer cette propriété, ces protéines devenant ainsi plus résistantes à l'opacification. C'est sans doute aussi grâce à ce radical acétyl libéré dans l'organisme que l'aspirine bloque les enzymes nécessaires à la synthèse des prostaglandines.

Puis on a découvert que l'aspirine pouvait avoir un effet heureux sur le diabète. On savait de longue date que le salicylate de sodium diminuait le taux de glucose dans les urines des diabétiques. Sachant que les prostaglandines étaient susceptibles de bloquer la synthèse de l'insuline, il était aisé d'en déduire que l'aspirine, empêchant la synthèse des prostaglandines, pouvait jouer un rôle bénéfique en stimulant la libération d'insuline, donc en diminuant le taux de glucose sanguin, tout en s'opposant aux complications microvasculaires liées au diabète.

Il faut encore ajouter, pour être complet, que des doses élevées de dérivés salicylés stimulent l'excrétion rénale de l'acide urique et diminuent la concentration sanguine en cet acide. Ce qui indique l'utilisation de l'aspirine dans le traitement de la goutte aiguë et chronique.

Tout récemment, on a enfin signalé une activité préventive de l'aspirine contre l'ostéoporose... en attendant sans doute d'autres révélations concernant les effets et modes d'action de ce médicament qui finit par ressembler à une véritable panacée !

Pour en revenir à son mode d'action, il semblerait que la théorie de l'inhibition des prostaglandines ne soit pas suffisante pour rendre compte de toutes ces propriétés ; d'où l'émergence d'autres hypothèses et d'autres théories. L'aspirine n'a donc pas encore livré tous ses secrets. Outre ses trois propriétés cardinales — antipyrétique, antalgique et anti-inflammatoire —, on voit s'esquisser sans cesse de nouvelles potentialités thérapeutiques : ainsi, tout récemment encore, dans la prévention de certaines pathologies liées à la grossesse (retard de croissance intra-utérin, risque de mort fœtale) ; l'éventualité d'un effet anticancéreux a même fait l'objet de nombreux travaux, en particulier dans le cancer colorectal, mais cela reste encore à démontrer.

L'histoire de l'aspirine illustre à merveille celle de la pharmacie. Le point de départ est une plante — et même trois plantes, si l'on tient compte de la spirée et de la gaulthérie qui ont joué un rôle dans le développement des thérapeutiques par les salicylés. Un panel de trois plantes à composition chimique voisine et à propriétés similaires. Dès le début du XIXe siècle, des opérations de chimie extractive sont menées à bien et l'on commence à extraire de ces plantes leurs principes actifs chimiquement définis. Ceux-ci sont ensuite modifiés par voie chimique : ainsi l'acide salicylique est-il acétylé pour produire l'aspirine. Puis, de proche en proche, et de modification en modification, c'est toute une série de corps voisins qui voient le jour, constituant une véritable famille chimico-pharmacologique. Dans le cas de l'aspirine, il s'agit de la famille des anti-inflammatoires non stéroïdiens, comportant des médicaments bien connus : la phénacétine, le pyramidon et le paracétamol d'abord, puis, plus récemment, l'ibuprofène, l'indométacine et le pyroxicam, tous excellents anti-inflammatoires utilisés dans le traitement du rhumatisme.

Ici, la plante initiale doit être considérée comme le chef de file d'une généreuse progéniture de molécules à effets voisins mais non identiques, qui élargit le spectre d'activité de la molécule première et permet, dans la prescription, de tenir compte des sensibilités individuelles en choisissant le médicament le plus approprié au malade. Parallèlement à cette évolution « descendante » — de la molécule-mère vers les molécules-filles —, l'éventail des applications thérapeutiques ne cesse de s'élargir par la découverte de nouvelles propriétés thérapeutiques qui étendent sans cesse davantage le champ d'action de cette famille médicamenteuse.

CHAPITRE 2

Quel avenir pour les antibiotiques ?

S'il est vrai, comme l'écrit Heidegger, que « les origines se cachent sous les commencements », l'histoire des antibiotiques débute bien avant la découverte de la pénicilline par le docteur Fleming. Au sens médical du terme, est antibiotique toute substance issue de champignons ou de bactéries, susceptible d'inhiber la division ou de tuer d'autres micro-organismes vivant dans leur environnement, et ce afin d'élargir leur propre espace vital. En somme, grâce aux substances antibiotiques qu'ils sécrètent, ces champignons et ces bactéries excellent dans l'art de faire le vide autour d'eux. Ils illustrent le fameux « Ôte-toi de là que je m'y mette ! » qui exprime le versant compétitif des forces de la vie et les antagonismes opposant les êtres vivants lorsqu'ils occupent concurrentiellement le même territoire. Un antagonisme certes lui-même compensé par des systèmes de coopération, de synergie, voire de symbiose représentant l'autre versant du phénomène vivant.

L'antibiose, prise dans une acception plus large, n'est cependant pas une spécificité propre à certaines espèces de champignons ou de bactéries. Nombreuses sont les plantes supérieures qui possèdent de réelles activités antibiotiques, comme le manifeste leur aptitude à détruire les germes qui les attaquent. L'encens et la myrrhe, présents des Rois mages à l'Enfant Jésus, sont des sécrétions naturelles d'arbres croissant au Moyen-Orient ; ils furent largement utilisés par les Anciens pour leurs propriétés antibiotiques (encore que, lorsqu'il s'agit de plantes supérieures, on préfère employer les termes d'antiseptiques ou d'anti-infectieux).

Égyptiens, Grecs, Romains et Perses utilisaient la myrrhe pour panser les plaies, et c'est pour ses effets antibactériens et antifongiques qu'elle entrait dans les préparations destinées à l'embaumement. La reine Hatshepsout, qui accéda au pouvoir vers 1512 avant J.-C. après s'être fait couronner pharaon, organisa en 1495 une vaste expédition au pays de Pount — l'actuelle Côte des Somalis — pour importer en Égypte de l'or, de l'ivoire, de l'ébène, des chiens et des babouins, mais surtout de la myrrhe dont trente et un arbres furent plantés dans le temple d'Amon, à Thèbes. De même, Hippocrate la mentionne à plusieurs reprises pour ses propriétés antiseptiques que des chercheurs italiens ont démontrées en mettant en évidence son action antimicrobienne sur les staphylocoques.

Mais l'histoire des antibiotiques se confond plus traditionnellement avec celle des produits avariés et moisis que, dans toutes les médecines, on appliquait sur les plaies pour favoriser leur cicatrisation. Déjà, dans le célèbre papyrus d'Ebers daté de 1600 avant J.-C., on conseille d'appliquer du pain d'orge avarié sur des blessures par trop infectées. Les Grecs, pour leur part, grattaient les moisissures des murs pour soigner les blessures. Depuis des millénaires, les guérisseurs chinois appliquent des graines de soja moisies sur les infections cutanées. En France même, l'application de moisissures — notamment de fromages — se retrouve dans plusieurs traditions locales comme un remède souverain contre les infections. Même tradition en Angleterre où l'on recouvrait les plaies de pain moisi...

Les nouveaux remèdes naturels

Dès 1844, le docteur écossais Joseph Lister reprit à son compte ces traditions et soigna les plaies d'un patient avec un extrait de moisissures. Quelques années plus tard, il confia à un confrère son intention de tester une moisissure du genre *Penicillium* comme antiseptique chirurgical, mais il ne semble pas qu'il ait donné suite à ce projet. En 1877, le docteur John Tyndall constatait que les moisissures de *Penicillium* tuaient certaines bactéries *in vitro*. Mais c'est le nom d'Alexander Fleming qui reste attaché à la découverte de la pénicilline.

Issu d'une famille pauvre, le jeune Fleming ne se destinait nullement à la médecine. Déçu par son métier d'aide-comptable, il s'engagea dans l'armée pour participer à la guerre contre les Boers en Afrique du Sud. Mais son régiment ne quitta jamais le sol anglais et Fleming ne devint pas même caporal ! À la fin de la guerre, il a vingt et un ans. Il décide de devenir chirurgien et réussit brillamment l'examen d'entrée à la faculté de médecine. Là, il rencontre le docteur Freeman, passionné de tir comme lui, qui l'inscrit à son club. Les deux hommes se prennent de sympathie et Fleming décide d'abandonner ses études de chirurgie pour s'initier chez Freeman à la bactériologie. Survient la Première Guerre mondiale : Fleming sert comme médecin. À Boulogne-sur-Mer, il est frappé par les dégâts causés par l'infection des plaies que ni le soluté de Dakin, à base d'eau de Javel, ni la traditionnelle teinture d'iode ne parviennent à enrayer.

Dès la fin du conflit, il rejoint l'Angleterre et entreprend, dans son cher Saint Mary's Hospital, des recherches pour tenter de découvrir des médicaments anti-infectieux efficaces. C'est en 1928 qu'il remarque, dans une culture de staphylocoques responsables de furoncles, la présence inopinée de moisissures. En les observant de plus près, il observe qu'elles ont l'air de transformer les staphylocoques en une sorte de bouillie liquide. Il entreprend alors d'isoler la moisissure pour l'identifier : il s'agit de *Penicillium notatum*, une moisissure des plus banales, qu'il cultive aussitôt pour vérifier ses propriétés.

Il apparaît que le jus de cette culture détruit non seulement le staphylocoque et le streptocoque, mais aussi les bacilles de la diphtérie et du charbon. Fleming vient de redécouvrir l'antibiose, phénomène baptisé ainsi en 1889 par Vuillemin qui avait observé les effets délétères du bacille pyocyanique — qui donne du pus bleu — sur le bacille du charbon. Malheureusement, la découverte de

Fleming passe quasi inaperçue, car il ne parvient pas à isoler la pénicilline ; sa spécialité, il est vrai, est la bactériologie, non la chimie. Il ne passe pas davantage aux essais cliniques en injectant des extraits de moisissures à des malades. Bref, il ne va pas jusqu'au bout de sa découverte.

Mais la Seconde Guerre mondiale donne un nouveau souffle à ces recherches en favorisant l'émergence massive des antibiotiques. Dès 1938, des chercheurs de l'université d'Oxford reprennent les travaux de Fleming. Florey et son collaborateur le docteur Ernst Chain, Juif allemand réfugié en Angleterre, expérimentent d'abord la pénicilline sur des souris infectées par des streptocoques mortels. Excellent chimiste, Chain parvient à isoler une pénicilline suffisamment pure pour pouvoir en établir la formule : cette substance est dix mille fois plus active que les jus de Fleming. Ce dernier apprit l'événement par la presse et se rendit aussitôt à Oxford pour féliciter Chain, lequel fut très surpris de le voir, car il le pensait déjà mort...

La protection exercée par le médicament encourage les chercheurs à entreprendre des essais sur l'homme. Florey administre de la pénicilline à un policier qui se meurt de septicémie ; il lui injecte toute la réserve de pénicilline disponible. Résultats spectaculaires : la fièvre tombe aussitôt. Malheureusement, la quantité de pénicilline administrée n'est pas encore suffisante et l'infection redémarre. On tente de récupérer la précieuse pénicilline dans l'urine du patient, en vain : l'homme rechute et trépasse. Mais, quoique passagère, l'amélioration spectaculaire produite par le médicament suffit à convaincre Florey et son équipe de passer à la production industrielle de pénicilline.

De peur que ces résultats ne tombent aux mains des Allemands, Florey se rend à New York où il débarque le 2 juillet 1941, porteur de spores du précieux *Penicillium*. Reste à intéresser une firme à la fabrication de la pénicilline ; il la trouve à Peoria, dans l'Illinois. Il s'agit d'une usine spécialisée dans l'épuration biologique des eaux polluées grâce à des bactéries. En lieu et place de ces bactéries, on se met donc à cultiver des moisissures.

Alors se produit un nouveau coup du hasard. Une femme apporte au laboratoire un melon moisi. La moisissure, baptisée *Penicillium chrysogenum*, se révèle capable de fournir beaucoup plus de pénicilline que le *Penicillium notatum* de Fleming.

Dès 1942, une centaine d'Américains ont déjà été traités par la pénicilline. Florey rentre alors en Angleterre, et Fleming lui confie l'un de ses amis, atteint d'une méningite à streptocoques résistant aux seuls médicaments dont on dispose à l'époque pour soigner les infections : les sulfamides. Le malade guérit grâce à la pénicilline américaine. Pour l'opinion anglaise, il s'agit véritablement d'une guérison miraculeuse dont le *Times* se fait l'écho dans un éditorial resté célèbre. Cette fois, la pénicilline est bel et bien lancée !

Trois ans plus tard, à la fin de la Deuxième Guerre mondiale, le précieux médicament permet déjà de sauver des millions de vies. S'ouvre l'ère des antibiotiques, qui révolutionne la thérapeutique des maladies infectieuses et suscite de folles espérances. Chaque année voit alors surgir de nouveaux antibiotiques plus ou moins spécifiques de telle ou telle pathologie. Le chloramphenicol ou Tifomycine® fait merveille dans la lutte contre le typhus et la fièvre typhoïde. De son côté, la streptomycine se montre capable de juguler la tuberculose ; son histoire résume bien celle de la plupart des antibiotiques.

Juif ukrainien émigré aux États-Unis, Abraham Waksman enseignait la microbiologie du sol dans le New Jersey. En 1939, des collègues médecins l'interrogent sur le fait suivant : les bacilles de Koch présents dans les crachats des tuberculeux disparaissent rapidement au contact de la terre, alors qu'ils résistent allégrement sur les sols carrelés des hôpitaux. Waksman vérifie cette information, la confirme et en déduit logiquement que, dans le sol, doivent se trouver des micro-organismes hostiles au célèbre « B.K. ». Il se lance alors avec ses collaborateurs dans un véritable travail de titan : isoler un à un les microbes du sol, les cultiver, et vérifier les effets des jus de cultures sur le bacille de la tuberculose. Plus de dix mille micro-organismes sont ainsi cultivés durant cinq ans avant que ne soit découvert le *Streptomyces griseus*, qui se révèle être très actif. On en extrait la streptomycine — découverte qui valut à Waksman le prix Nobel en 1952. Puis vinrent les céphalosporines, antibiotiques à large spectre s'attaquant à de très nombreuses bactéries ; ces céphalosporines ont débouché sur une série de plus de vingt produits dotés d'activités antibiotiques différentes et complémentaires.

L'ère des antibiotiques a connu son apogée au début des années 70. L'industrie pharmaceutique considérait alors son arsenal thérapeutique comme suffisant pour combattre toutes les maladies infectieuses.

Les molécules des antibiotiques de base avaient été transformées par les chimistes en vue d'accroître leur tolérance ou d'élargir leur spectre d'activité, et beaucoup prédisaient déjà la fin d'un grand nombre de maladies infectieuses, sur le point d'être définitivement éradiquées. Ce résultat eut notamment pour conséquence de faire s'effondrer la mortalité infantile en prolongeant du même coup l'espérance de vie moyenne. Mais il allait bientôt falloir déchanter, car la nature a plus d'un tour dans son sac : les bactéries pathogènes se mirent en effet à développer des résistances aux antibiotiques.

En 1945 déjà, sir Alexander Fleming avait soulevé ce lièvre dans un entretien publié par le *New York Times*. Dès l'année suivante avait commencé d'apparaître diverses souches de staphylocoques résistantes à la pénicilline, qui n'était pourtant distribuée que depuis cinq ans !... Il ne fallut que quatre ans pour que des souches de bacilles de Koch manifestent à leur tour une résistance à la streptomycine...

Très ingénieuses, les bactéries ont développé diverses stratégies pour contrer les effets des antibiotiques. Tantôt elles produisent des substances qui les détruisent purement et simplement : c'est ainsi que des staphylocoques sécrètent une enzyme, la pénicillinase, qui détruit la molécule de pénicilline. D'autres modifient leur membrane externe afin d'empêcher la pénétration de l'antibiotique. D'autres encore sont capables d'expulser l'agent antimicrobien hors de leurs cellules. Les souches résistantes, proliférant à la vitesse de croissance exponentielle qui caractérise les bactéries, eurent tôt fait d'occuper le terrain dégagé par les souches non résistantes tuées par les antibiotiques. C'est pourquoi les résistances progressèrent à grande vitesse. Dès 1957, le staphylocoque résistait aux trois familles d'antibiotiques disponibles à l'époque. Quarante ans plus tard, en 1997, cette résistance s'étendait aux sept grandes classes d'antibiotiques connus. On sait en effet aujourd'hui que certaines souches de staphylocoques ne peuvent plus être vaincues qu'avec de fortes concentrations de vancomycine, l'antibiotique le plus puissant dont nous disposions. Or cette précieuse vancomycine se révèle parfois incapable de lutter contre les infections à entérocoques, contractées à l'hôpital et, pour cette raison, particulièrement dangereuses.

Les hôpitaux, où la manipulation des antibiotiques est quotidienne, sont en effet un milieu sélectif de choix pour l'apparition des résistances. On y trouve désormais des souches de pathogènes redoutables, quasiment résistants à tous les antibiotiques. De surcroît, ils abritent une population de malades souvent âgés, immunodéprimés et affaiblis, constituant des cibles de choix pour les agents pathogènes multirésistants qui, de ce fait, font chaque année des milliers de morts en milieu hospitalier.

30 % des cas de tuberculose recensés dans les prisons résistent désormais à tout traitement antibiotique. Ces phénomènes de résistance touchent le monde entier : ainsi, par exemple, la tétracycline et la pénicilline n'ont plus aucun effet contre la blennorragie en Afrique ; il faudra donc désormais trouver de nouveaux produits plus coûteux que les populations de ces pays pourront difficilement se procurer.

La situation est d'autant plus alarmante que la découverte de nouveaux produits s'est nettement ralentie : depuis la fin des années 60, aucune nouvelle classe d'antibiotiques n'a été trouvée. Seuls ont été mis sur le marché de nouveaux produits résultant de modifications chimiques opérées sur les molécules appartenant aux sept grandes classes d'antibiotiques déjà connues. En fait, l'offensive décisive menée contre les germes pathogènes au cours des premières décennies de l'après-guerre, engendre aujourd'hui un effet boomerang très inquiétant pour la santé publique.

Pourtant, la consommation d'antibiotiques ne cesse de croître ; elle progresse en moyenne de 3,7 % par an depuis une vingtaine d'années. Dix mille tonnes d'antibiotiques sont utilisées chaque année rien que dans l'Union européenne. Un rapport de l'Organisation mondiale de la santé paru en juin 2000 met néanmoins en garde contre le fait que « des maladies guérissables telles que l'angine, l'otite ou la tuberculose risquent bientôt de devenir incurables ». « Nous assistons, insiste ce rapport, à une véritable érosion des progrès accomplis par la médecine au cours des dernières décennies [...]. Les germes de la quasi-totalité des grandes maladies infectieuses commencent à résister aux médicaments disponibles [...]. D'ici dix à vingt ans, l'on peut s'attendre au retour massif de maladies infectieuses que l'on croyait avoir éradiquées... »

Situation d'autant plus inquiétante qu'à l'horizon de la recherche pharmaceutique, on ne voit guère poindre de nouvelles molécules ni de nouvelles classes d'antibiotiques. De ce point de vue, la décennie écoulée débouche sur un bilan particulièrement sombre : de nouvelles espèces de bactéries sont entrées en résistance, des multirésistances ont quitté le milieu hospitalier pour se manifester également en médecine de ville, et, pis encore, de nouvelles bactéries pathogènes se manifestent sous la forme de nouvelles maladies particulièrement redoutables.

La « maladie du légionnaire » en est une. En 1976, lors d'un congrès d'anciens combattants de l'American Legion, réuni à Philadelphie, plusieurs congressistes firent une pneumonie foudroyante, jusque-là inconnue. On ne connaissait aucune bactérie susceptible de frapper de la sorte, et on songea alors à quelque attaque par une arme chimique... Mais on finit par découvrir que la maladie était due à une bactérie restée ignorée jusque-là parce qu'elle ne se colore pas au colorant de Gram, universellement utilisé pour mettre en évidence les bactéries. On la baptisa *Legionella pneumophila*. Elle s'est tragiquement illustrée lors de la mise en service de l'Hôpital européen Georges-Pompidou à Paris, à la fin 2000. On sait aujourd'hui qu'elle peut être inhalée par des aérosols d'eau chaude : sous une douche, par exemple, ou par la buée dégagée au cours de bains chauds. Insensible aux pénicillines et aux céphalosporines, elle est contrée par l'érythromycine...

Les nouveaux remèdes naturels

Puis on a vu apparaître la listériose, maladie véhiculée par certains fromages... Ce qui donne à penser que la liste des maladies à germes pathogènes est loin d'être close, et que les « maladies émergentes », comme on les appelle, n'ont pas encore dit leur dernier mot.

Apparition de nouvelles maladies, regain de celles qu'on croyait avoir vaincues : comment en est-on arrivé là ?

Les causes de cette situation sont bien connues. La mondialisation en est une, qui, intensifiant les échanges à une vitesse de plus en plus grande, favorise la migration des germes virulents et des épidémies. D'autre part, dans les pays développés, les antibiotiques sont prescrits à tout propos, y compris dans des infections bénignes et souvent d'origine virale, contre lesquelles ils sont totalement inefficaces. Or les germes pathogènes entrant en résistance augmentent naturellement avec l'intensité des flux antibiotiques qu'ils rencontrent. Aussi conviendrait-il d'utiliser les antibiotiques uniquement quand ils sont nécessaires, moyennant des dosages appropriés et des durées de traitement aussi courtes que possible, afin d'exterminer les germes d'un seul coup. Surtout, il convient de ne plus prescrire d'antibiotiques pour de simples angines ou des bronchites vénielles qui disparaissent tout naturellement, sans aucun traitement. Dans les pays en voie de développement, le problème est inverse : les maladies infectieuses sont soignées à l'aide de produits frelatés, périmés, sous-dosés et souvent utilisés à tort et à travers ; on ne tue alors que les microbes les plus faibles, en laissant le champ libre aux souches virulentes.

Mais il est une cause encore bien plus redoutable : l'utilisation massive des antibiotiques dans l'agriculture, qui consomme à elle seule 42 % des antibiotiques produits dans toute l'Union européenne ! Destinés à soigner les animaux atteints de maladies infectieuses, les antibiotiques possèdent de surcroît l'étonnante propriété d'accélérer la croissance, et sont de ce fait abondamment et outrancièrement utilisés dans les élevages. Les mécanismes expliquant l'incidence des antibiotiques sur la prise de poids des animaux restent encore mystérieux ; celle-ci a néanmoins pu être chiffrée : il s'agit d'un gain moyen quotidien de l'ordre de 3 à 9 % par rapport à la normale. Chiffre considérable, qui explique l'hostilité des éleveurs à l'interdiction de l'usage des antibiotiques à cette fin. Seuls les pays scandinaves ont considérablement réduit — voire supprimé, comme la Suède — toute supplémentation des aliments animaux en antibiotiques.

L'un des additifs couramment utilisés en alimentation animale est l'avoparcine. Grâce à lui, les poulets et les porcs grandissent plus vite tout en mangeant moins, et les vaches produisent davantage de lait. En 1996, le Danemark a interdit l'avoparcine après avoir constaté qu'elle favorisait l'apparition de résistances dans les élevages. Il a été en outre démontré qu'une bactérie résistant à l'avoparcine, par un phénomène de résistance croisée, résiste également à la vancomycine, médicament de la dernière chance pour des patients atteints de bactéries résistant à tous les autres antibiotiques. Or ces résistances sont malheureusement de plus en plus fréquentes. À New York, dans les hôpitaux, 20 % des entérocoques résistent à la vancomycine et tuent le patient infecté une fois sur trois. De même, on constate désormais que certains staphylocoques sont à leur tour devenus résistants à la vancomycine, le dernier antibiotique devant lequel ils cédaient jusqu'à il y a peu. Il fallait donc absolument « protéger » la vancomycine face à ces résistances croissantes. À la suite de la décision danoise, et à l'issue de longs débats, la Commission européenne a suspendu l'utilisation de l'avoparcine en avril 1997.

L'introduction de gènes de résistance aux antibiotiques dans les organismes génétiquement modifiés (OGM) a puissamment relancé le débat. Que deviennent ces gènes dans l'intestin des animaux ou dans le sol, après fauchage des plantes transgéniques ? Dans quelles proportions vont-ils conférer leur résistance à certaines bactéries, et, du coup, aggraver encore le problème global des résistances aux antibiotiques ? La première génération de plantes transgéniques a systématiquement utilisé de tels gènes pour le colza, le soja, le maïs, etc. Cette pratique a fait l'objet de vives controverses et le recours à ces gènes de résistance à des fins purement techniques — à savoir manifester la présence concomitante du gène d'intérêt dans la plante — est une pratique qui devrait être abandonnée dans les années à venir. Cette question a en tout cas contribué à cristalliser l'hostilité d'une large majorité de l'opinion publique aux OGM.

Consciente de l'importance du problème, et sous la pression des organismes internationaux, l'industrie pharmaceutique a repris la recherche en vue de découvrir de nouvelles classes d'antibiotiques. Pour ce faire, elle utilise les méthodes de criblage à haut débit permettant d'analyser en quelques semaines l'effet de cent à cinq cent mille molécules sur toute une panoplie de germes pathogènes.

Elle recherche aussi des méthodes visant à bloquer les mécanismes de résistance. C'est ainsi que des inhibiteurs de la pénicillinase — enzyme qui détruit la pénicilline — ont été mis au point. D'autres stratégies tendent à modifier les enveloppes bactériennes afin de les rendre perméables aux antibiotiques. On envisage aussi d'utiliser, en complément des antibiotiques déjà commercialisés, des produits qui empêchent la bactérie de rejeter l'antibiotique dans le milieu extérieur. On met au point des tests plus rapides que les antibiogrammes, qui permettraient de définir spécifiquement l'antibiotique à utiliser au cas par cas ; ils éviteraient d'employer des antibiotiques pour traiter des infections virales contre lesquelles ils n'ont rien à faire ; l'objectif est de cibler avec le maximum de précision l'antibiotique efficace contre l'agent relevé chez le malade.

Mais aucune de ces stratégies ne permettra d'éviter que de nouvelles résistances ne se manifestent. En attendant, si l'effort de recherche déployé depuis ces toutes dernières années doit porter ses fruits, ceux-ci ne seront « mûrs » que dans une décennie au plus tôt.

Car, bien entendu, on a trouvé et on continue à rechercher de nouveaux antibiotiques. Mis sur le marché dans les années 80, le Synercid®, antibiotique élaboré par les laboratoires Rhône-Poulenc (aujourd'hui Aventis), provient d'un échantillon de terre argentine récolté en 1955. Il tire son intérêt de son efficacité contre certaines souches de bactéries résistantes à la vancocymine. Mais cette efficacité est déjà menacée en raison des risques de résistance croisée avec des produits similaires utilisés en agriculture.

Récemment, la découverte d'antibiotiques chez les grenouilles africaines, étonnamment protégées contre les infections, a attiré l'attention sur les potentialités du monde animal en ce domaine. Ces antibiotiques, baptisés magainimes, porteurs de grands espoirs, sont pour l'instant en phase d'essais cliniques en vue de leur mise sur le marché. L'un d'eux, la pexiganine, semble actif contre certaines bactéries résistant aux autres antibiotiques. Il est néanmoins peu probable que l'on découvre dans le règne animal des structures chimiques aussi performantes que celles extraites du monde des champignons et des bactéries d'où provient la totalité des antibiotiques actuellement utilisés.

Tout récemment, en 1991, ont pourtant été découverts à l'Université de La Jolla, en Californie, des êtres marins voisins des actinomycètes, lesquels forment, dans la hiérarchie de la vie, un groupe très ancien dont les caractères s'apparentent à la fois aux champignons microscopiques et aux bactéries. Doués de fortes propriétés antibiotiques, ils ont donné naissance à 70 % des antibiotiques connus ! Or 289 colonies d'actinomycètes marins viennent d'être recensées dans les Bahamas ; parmi elles, 283 ont manifesté des propriétés antibiotiques. L'avenir des antibiotiques se trouverait-il sous le niveau de la mer ? À en juger par ces premiers résultats plus que prometteurs, il n'est pas interdit de le penser.

Un mot encore sur un antibiotique très différent des autres, provenant d'un échantillon de terre récolté par un employé des laboratoires Sandoz, en Norvège. Le chercheur constata que les composés extraits du champignon trouvé dans l'échantillon de terre norvégien [1] présentaient une très faible activité antibiotique. En revanche, ils possédaient une structure chimique inédite. On

---

1. *Tylopocladium inflatum.*

entreprit donc des batteries de tests qui révélèrent que le principe actif, baptisé ciclosporine et découvert en 1970, neutralisait les réactions immunitaires de l'organisme en inhibant l'effet des lymphocytes sur les tissus ou organes étrangers. C'est ainsi que la ciclosporine est devenue le médicament indispensable pour la réussite des transplantations d'organes. Grâce à elle, cœurs et cornées, reins et poumons sont acceptés par le receveur sans que celui-ci déclenche un phénomène de rejet. Ce médicament est venu à point nommé, au moment où le problème des transplantations d'organes devenait crucial. Quelques années plus tôt, il n'aurait présenté aucun intérêt et ne serait sans doute jamais devenu un médicament. Pourtant, sans la ciclosporine, bien des miracles de la chirurgie, tant vantés aujourd'hui, se seraient révélés impossibles.

De l'histoire des antibiotiques, de leur essor et de leur déclin, se dégage une leçon qui illustre l'essence même du libéralisme. La pression des laboratoires conduit tout naturellement les médecins à prescrire des antibiotiques à temps et à contretemps, en tout cas plus que de raison, souvent d'ailleurs à la demande pressante de leurs patients. C'est ainsi qu'en quelques décennies s'est trouvée gâchée une arme médicamenteuse puissante. Au lieu de prescrire sans ménagement des antibiotiques particulièrement peu efficaces sur des cibles bactériennes ou virales inadaptées, ne conviendrait-il pas d'en faire au contraire un usage parcimonieux et de les réserver aux seuls cas relevant de leur utilité ? Car la santé publique ne saurait se gérer selon les normes ordinaires du commerce ; elle a ses propres exigences, qui supposent que l'on sache faire un usage judicieux des médicaments. C'est pourquoi, aujourd'hui, certains antibiotiques sont réservés au seul milieu hospitalier, en vue de ménager leur emploi et de ralentir l'apparition des phénomènes de résistance auxquels ils risquent de se heurter. La raison finira-t-elle par l'emporter ?

CHAPITRE 3

Vivre vieux et en bonne santé grâce au ginkgo

Le *Ginkgo biloba,* ainsi nommé en raison de la forme bilobée de ses feuilles, est l'arbre de tous les paradoxes. Bien qu'étant un véritable fossile vivant, il fait preuve, partout où on le plante, d'une robuste santé. Pourtant, il nous vient des profondeurs de l'ère secondaire où, il y a 200 millions d'années, il commerçait avec les dinosaures et les conifères de la forêt de *Jurassic Park*. Toutes ces espèces ont disparu sans qu'aucune n'arrive jusqu'à nous, sauf précisément le ginkgo qui, à cet égard, mérite le titre prestigieux d'« arbre le plus ancien du monde ».

En fait, il a bien failli nous rater. À l'ère quaternaire, il y a un million d'années, les glaciers déferlaient sur l'Europe du Nord, formant une épaisse banquise jusqu'à Londres, Amsterdam et Hambourg. Incapables de se réfugier de l'autre côté de la Méditerranée qui formait pour les plantes une infranchissable barrière Est-Ouest, les ginkgos, qui poussaient encore à cette époque en Europe, moururent de froid. Mais il n'en fut point de même en Chine, mieux protégée que l'Europe contre l'avancée des glaciers, et où le ginkgo réussit à persister à l'état sauvage. On le trouve encore dans des zones très circonscrites, au sud du cours moyen du Yangzi jiang, à 60 kilomètres environ à l'ouest du port de Hangzhou, dans la province du Zhejiang. L'arbre pousse sur des pentes situées entre 400 et 1 200 mètres d'altitude, sous un climat humide dont la température ne descend jamais en dessous de 2 °C en saison froide. Là se situe aujourd'hui une réserve de mille hectares destinée à protéger ces tout derniers ginkgos sauvages.

À la longévité de l'espèce s'ajoute celle des individus, l'âge des plus vieux étant estimé à plus de 2000 ans (d'aucuns vont même jusqu'à parler de quatre mille ans...). Avec une telle espérance de vie, le ginkgo frôle le record de longévité actuellement détenu par un pin californien vieux de 5000 ans.

Les nouveaux remèdes naturels

Ces vieux ginkgos sauvages se singularisent par des particularités anatomiques étrangères aux spécimens cultivés, plus récents et beaucoup plus jeunes : ce sont les fameux « chichis ». Ces chichis, lorsqu'ils se forment, ressemblent à des bourrelets ou à des mamelons qui couvrent les plus vieilles branches ou les vieux troncs. Ils peuvent simuler des seins — d'où précisément leur nom japonais de *chichis*. D'autres évoluent en étranges rameaux ressemblant à des racines aériennes qui retombent vers le sol comme des stalactites. Ils peuvent même y prendre racine et former dès lors des sortes de piliers, donnant l'impression que l'arbre est monté sur pilotis. De ce point de vue, l'arbre du Jardin botanique de l'université d'Okutu de Sendai, au Japon, déclaré « monument naturel », pourrait prétendre au titre flatteur de « roi des chichis ». En effet, ce spécimen vieux de 1 250 ans produit des chichis qui peuvent atteindre 1,60 mètre de circonférence, et pendent en très grand nombre de son tronc qui, lui, fait 8,30 mètres de tour. Son allure évoque une grotte qui serait envahie de gigantesques stalactites ; l'ensemble de cet étrange monument végétal représente une circonférence globale de 56 mètres...

Mais le ginkgo a l'art de collectionner les curiosités anatomiques. Chaque arbre ne porte qu'un sexe : il y a donc Monsieur et Madame Ginkgo. Monsieur est généralement plus élancé que Madame. Si Monsieur donne du pollen, comme tous ses congénères, Madame forme des ovules de la taille et de la couleur d'une mirabelle ; ces pseudo-prunes ne sont pas des fruits, et pas non plus des graines : seulement des ovules. Mais des ovules énormes qui simulent à s'y méprendre des fruits tels qu'en donnent les plantes à fleurs. En fait, le ginkgo ne donne ni fleur, ni fruit, ni véritable graine. Simplement, comme un animal ovipare, il « pond » des ovules — des œufs, pourrait-on dire — fécondés ou non. Il se démarque ainsi de toutes les autres plantes supérieures qui sont vivipares en ce qu'elles émettent des graines fertiles qui se détachent de la plante mère et contiennent toujours un minuscule embryon.

L'originalité du ginkgo est donc de produire ces méga-ovules avant fécondation, mettant ainsi des matières alimentaires en réserve pour un éventuel embryon qui se formera ou ne se formera pas selon qu'il y aura ou n'y aura pas pollinisation ; cette singularité le distingue des autres plantes qui ne mettent en réserve les matières alimentaires destinées à faciliter la germination du jeune embryon qu'après fécondation et formation de ce dernier. Au sens propre comme au figuré, le ginkgo est un arbre qui « pond des œufs » ! Si ces œufs sont fécondés, ils contiennent un embryon. Cet embryon manifeste une croissance lente et régulière, sans aucune phase de repos, ce qui le distingue radicalement des graines à l'intérieur desquelles le jeune embryon interrompt sa croissance et attend — des années, s'il le faut — les conditions favorables à la germination.

À ces traits s'ajoute le fait que le ginkgo prend vraiment tout son temps pour former ses premiers ovules : il faut, pour cela, attendre au moins quarante ans. Le contraire d'une puberté précoce ! Un ginkgo âgé de 6 ans et qui fut planté en 1760 dans les jardins botaniques de Kew, dans la banlieue sud-ouest de Londres, ne songea à se reproduire pour la première fois qu'en 1824, soit à l'âge de 70 ans... On découvrit alors qu'il s'agissait d'un mâle qui a atteint en l'an 2000 l'âge de 246 ans : à le voir, il est en pleine force de l'âge, manifestant une santé éblouissante avec ses 25 mètres de hauteur et sa circonférence de 4,25 mètres. À croire que ces ginkgos, dont l'espèce a vaillamment traversé les millions d'années des

Les nouveaux remèdes naturels

temps géologiques sont véritablement increvables !

Ils manifestent une singulière résistance à toutes les agressions, en particulier aux attaques des insectes ou des champignons. Aucun insecte ne se nourrit de ses feuilles ni de ses pseudo-fruits, ce qui explique peut-être l'exceptionnelle survie de l'arbre à travers les âges. C'est une des raisons — mais non la seule — pour lesquelles on le plante aujourd'hui en tant qu'arbre d'alignement dans les rues de nos villes où il supporte allègrement les sévères conditions que doivent affronter les arbres urbains : pollution de l'air, pollution du sol ; sol compacté par le piétinement, ou asphyxié par le macadam, souvent imbibé de toutes sortes d'émanations ; rythme d'éclairement perturbé par l'éclairage nocturne ; système racinaire qui se doit de s'enfoncer verticalement, sans se permettre la fantaisie de se propager latéralement au risque de bousculer les canalisations et de craqueler le macadam. Le ginkgo a de surcroît l'élégance de perdre ses feuilles quasiment d'un seul coup, évitant ainsi aux jardiniers urbains des ramassages successifs.

La prudence exige toutefois qu'on ne plante que les ginkgos mâles, pour éviter

Les nouveaux remèdes naturels

l'impact sur les trottoirs des grosses « mirabelles » de la femelle sur lesquelles les passants risqueraient de glisser et de tomber. Enfin — exigence qui n'est point des moindres —, l'arbre urbain se doit d'être beau et d'une forme telle qu'un camionneur ne risque pas de voir mettre en péril les superstructures de son véhicule par des branches trop basses. Quant aux riverains, il convient d'éviter que les frondaisons leur ravissent totalement la lumière.

Toutes ces servitudes impliquent chez l'arbre urbain une structure élancée, avec une couronne végétale régulière, ni trop abondante ni trop étalée, adaptée à l'espace qu'il occupe et qu'on a bien voulu lui concéder. Sans doute faut-il voir dans le fait que le ginkgo possède toutes ces qualités une des principales raisons de sa prolifération rapide en tant qu'arbre des villes où il concurrence aujourd'hui, tant aux États-Unis qu'en Europe, les platanes chers au baron Haussmann ou les marronniers qui, à maturité, bombardent de projectiles les passants.

La robustesse à toute épreuve du ginkgo s'est également manifestée lors de l'explosion de la première bombe atomique à Hiroshima, le 6 août 1945 : dès le printemps suivant, d'un ginkgo calciné tout proche de l'épicentre de l'explosion, une jeune pousse a surgi, premier signe de vie après l'apocalypse nucléaire...

    Le charme indéniable du ginkgo est l'or de ses feuilles en automne, qui lui a valu le nom d'« Arbre aux quarante écus ». En 1780, un botaniste passionné, M. de Pétigny, se rendit à Londres et y rencontra un horticulteur qui possédait cinq jeunes plants de ginkgo poussant dans un même pot. Considérant qu'il y avait là une étonnante pièce de collection, notre Parisien s'en porta acquéreur. Mais le commerçant londonien exigeait un prix prohibitif. M. de Pétigny invita à dîner le vendeur réticent en vue de lui faire découvrir les meilleurs crus français. Ce repas bien arrosé émoussa la résistance du commerçant et le marché fut conclu pour 25 guinées, payées rubis sur l'ongle. L'histoire veut que, dégrisé, l'horticulteur anglais ait tenté, en vain, de retrouver son convive d'un soir. Celui-ci avait filé « à l'anglaise » avec ses cinq ginkgos, payés... 40 écus. L'anecdote s'est arrimée à l'histoire de l'arbre qui est ainsi devenu l'« Arbre aux quarante écus », puis qui, par extension, a aussi été appelé parfois l'« Arbre aux cent écus », voire l'« Arbre aux mille écus » ! La chute de ses feuilles en automne n'évoque-t-elle pas une véritable pluie d'or ? Les arbres de M. de Pétigny furent replantés à Paris dans l'actuel Jardin des Plantes ; il en subsiste deux aujourd'hui, encore jeunes puisqu'ils n'ont guère plus de deux siècles...

On discute encore sur l'époque assurément lointaine où le ginkgo apparaît en thérapeutique. L'empereur Chen Nong a été le premier à décrire les plantes selon leurs usages, 2 700 ans avant J.-C. Dans son ouvrage, il cite le ginkgo et en fait un stimulant de la circulation. Mais était-ce bien du ginkgo qu'il s'agissait ? Le fait a été contesté et, pour certains, l'apparition du ginkgo parmi les médicaments utilisés en Chine est nettement plus tardive. Quoi qu'il en soit, la classification de Chen Nong remet en cause notre propre manière d'envisager les plantes médicinales. Il distingue en effet trois catégories de plantes : les plantes supérieures, comprenant les drogues indispensables et non toxiques ; les plantes intermédiaires, possédant une toxicité dépendant de la dose utilisée ; et les plantes inférieures telles que l'aconit et la jusquiame, qui possèdent des effets très toxiques. Les plantes les plus « douces » prennent ici le pas sur les plantes plus « dures », à propriétés affirmées, mais aussi à forte toxicité, que la médecine occidentale a toujours préférées à celles aux propriétés moins affirmées mais agissant sur le long terme et sans effets toxiques. Différence de culture ? Nous retrouvons ici la vieille tradition chinoise où la prévention des maladies passe avant leur traitement, et une nourriture saine avant le médicament...

Ce n'est qu'au début de ce dernier millénaire que le ginkgo pénètre au Japon à la suite de moines bouddhistes, après que les moines tibétains en eurent fait l'ingrédient essentiel de leur pharmacopée, ce que d'aucuns ont cru pouvoir mettre en rapport avec leur surprenante longévité. Au XVIIIe siècle, un explorateur, Engelbert Kaempfer, se rendit dans l'empire du Soleil-Levant avec pour mission — confiée par la Compagnie des Indes néerlandaises — d'y étudier la flore médicinale. C'est à lui que l'Europe doit ses premiers plants de ginkgo, dont plusieurs universités bénéficièrent : Utrecht en 1730, Leyde en 1754, puis Vienne et Londres. De Londres nous parvint le premier ginkgo, qui fut planté à Montpellier — le *Mons specilanus*, ou « mont des épices » — en 1778. Cet arbre y existe toujours, au 3, rue du Carré-du-Roi. Linné en fit une description détaillée. Goethe en planta dans son jardin de Weimar et immortalisa la forme bilobée de la feuille dans un poème dédié à Marianne von Villemer. Le ginkgo se répandit ainsi en Europe, mais il a fallu attendre le début du XXe siècle pour que soient entreprises sur lui des recherches chimiques et pharmacologiques.

En 1936, le médecin hongrois Szent Györgyi met en évidence le rôle capital d'une série de principes actifs de couleur jaune, les flavonoïdes, dans la diminution de la fragilité des petits vaisseaux capillaires. Or ces flavonoïdes, qui sont des polyphénols, sont très répandus dans le règne végétal. Si ceux du citron, d'une belle couleur jaune, leur ont donné leur nom — flavonoïdes vient de *flavus*, jaune en latin —, l'un des plus connus était le kaempférol, appellation donnée à un flavonoïde issu du ginkgo en hommage à l'illustre botaniste qui l'introduisit en Europe. Les feuilles contiennent une impressionnante collection de ces corps qui contribuent pour une part importante à leur activité pharmacologique.

Dès 1932, de son côté, le chimiste japonais Furukawa a isolé du ginkgo des substances de structure complexe et de nature terpénique (ou hydrocarbonée) qu'il baptisa « ginkgolides ». La structure de ces substances n'a été identifiée que trente ans plus tard grâce à l'œuvre d'un autre Japonais, Koji Nakanishi. En septembre 1964, des chimistes allemands isolèrent une nouvelle substance, également de nature terpénique, dans la feuille du ginkgo : le bilobalide.

Sa composition chimique étant à peu près élucidée, le ginkgo, objet d'innombrables tests pharmacologiques et cliniques, entre en thérapeutique au début des années 1970 sous la forme d'extraits standardisés quant à leurs teneurs en principes actifs. Dès 1971, les laboratoires Beaufour-Ipsen mettent sur le marché le Ginkor®, puis, en 1975, le Tanakan® : le premier, contenant deux séries de principes actifs, est indiqué dans le traitement des maladies veineuses (jambes lourdes, hémorroïdes) ; le second dans celui des insuffisances cérébro-vasculaires, ainsi que pour le traitement des artérites des membres inférieurs.

La recherche se poursuit à un rythme soutenu tant en ce qui concerne la structure des principes actifs isolés que les propriétés thérapeutiques de la plante. Pour avoir réussi la synthèse d'un ginkgolide, le ginkgolide-B, le professeur Elias Corey a reçu, en 1990, le prix Nobel de Chimie — évènement qui n'a pas stoppé, mais au contraire stimulé l'intense flux de recherches que continue à susciter aujourd'hui encore le ginkgo.

Pour répondre aux besoins croissants de l'industrie pharmaceutique, la plante est cultivée à Saint-Jean-d'Illac, dans la région bordelaise, ainsi qu'à Sumter, en Caroline du Sud : au total, 15 millions d'arbres ont été plantés en vue de récolter 12 000 tonnes de feuilles par an. Les feuilles, récoltées selon les méthodes industrielles par des machines conçues à cette fin et inspirées de celles qu'on emploie pour la récolte du coton, servent à préparer l'extrait standardisé de ginkgo. Les industriels s'inspirent des règles internationales édictées par la Food and Drug Administration (FDA) et codifiées selon ce qu'on appelle les « bonnes pratiques de fabrication » et les « bonnes pratiques de laboratoire ». L'extrait standardisé contient 24 % de glucosides flavoniques et 6 % de substances terpéniques, à savoir 3 % de ginkgolides et 3 % de bilobalides. Ainsi l'extrait possède une composition homogène répondant à des normes précises de fabrication — objectif essentiel pour tout médicament à base d'extrait végétal dont on entend bien éviter ainsi les fluctuations de la composition en fonction du matériel végétal de départ et des processus de fabrication.

Les médicaments phytothérapiques modernes — on le verra aussi pour le ginseng — mettent en œuvre des méthodes homologuées qui assurent la constance de leur composition chimique, et, par là même, celle des propriétés pharmacologiques et thérapeutiques de l'extrait.

La pharmacologie de l'extrait de ginkgo est très riche. On signalera notamment l'augmentation du seuil de l'hypoxie et l'activation du métabolisme cérébral chez la souris et le rat, et surtout le piégeage des « radicaux libres », ennemis invétérés des tissus et facteurs essentiels de leur vieillissement. Cette chasse aux « radicaux libres », déchets toxiques du métabolisme cellulaire, est dévolue à diverses composantes de notre alimentation, notamment aux vitamines A, C et E. Mais lorsqu'une surcharge s'annonce, déclenchant l'altération et le vieillissement cellulaires, d'autres armes doivent être employées, que de nombreuses plantes comme le ginkgo fournissent en abondance grâce à leurs teneurs en polyphénols. Ainsi, par exemple, grâce à une approche ethnopharmacologique basée sur les savoirs ancestraux des espèces végétales susceptibles de présenter des vertus dermoprotectrices, notre ami Pierre Cabalion, travaillant pour la société Christian Dior dans le cadre de l'Institut pour le Développement de la Nouvelle-Calédonie, a sélectionné six plantes néo-calédoniennes, sur un lot de soixante, pour leur action antioxydante sur la peau. Ce sont ces mêmes effets anti-oxydants que manifeste l'extrait de ginkgo sur des parois veineuses investies par des « radicaux libres ».

L'efficacité clinique de ces extraits dans les déficits pathologiques de la circulation cérébrale a été confirmée par de nombreuses études en « double aveugle » (par rapport à un placebo). Ces études ont déterminé les indications thérapeutiques majeures des extraits de *Ginkgo biloba* utilisés aujourd'hui dans les états dépressifs des patients âgés, les pertes de mémoire, d'attention et de vigilance, les troubles auditifs, visuels et olfactifs, mais aussi les artériopathies chroniques des membres inférieurs et, d'une manière générale, la plupart des troubles d'origine vasculaire et veineuse. Il est difficile de résumer en quelques lignes la multiplicité de ces actions physiologiques qui tournent toutes autour de l'action vasorégulatrice s'exerçant sur les artérioles comme vasodilatateurs, et sur les veinules comme vasoconstricteurs. De même, les extraits de Gingko renforcent la résistance des capillaires, et, en inhibant l'agrégation plaquettaire, fluidifient le sang. Le métabolisme cellulaire, en particulier au niveau cérébral et plus spécifiquement encore cortical, s'en trouve activé.

Les nouveaux remèdes naturels

L'étude de la bibliographie scientifique consacrée au *Ginkgo biloba* semble aussi convaincante que pertinente. Pourtant, les médicaments issus du ginkgo ont été sévèrement critiqués lors de la réévaluation des médicaments présents sur le marché français effectuée au cours de l'année 1999. Le professeur Jean-Paul Giroud [1], chef du service de pharmacologie clinique à l'hôpital Cochin, a porté une charge sévère contre cette famille de substances médicamenteuses baptisée « oxygénateurs cérébraux », soulignant le manque de précision qui caractériserait leurs indications thérapeutiques...

On retombe ici sur le relatif discrédit qui frappe les médicaments à base de plantes ou d'extraits de plantes, à l'exclusion des principes actifs eux-mêmes utilisés à l'état chimiquement purs. Les pharmacologues se méfient en effet des extraits, fussent-ils rigoureusement standardisés, comme c'est le cas ici. Cette tendance est encore plus nette aux États-Unis où ce type de médicament est nettement marginalisé. En ce qui concerne le ginkgo, la commission de transparence mise en place par le ministère de l'emploi et de la solidarité a classé le tanakan dans la liste des 835 médicaments dont

---

1. *Le Monde*, 18 septembre 1999.

le « service médical rendu est insuffisant [1] ». Un jugement sévère et à mes yeux immérité au regard de la documentation scientifique disponible concernant ce produit. Mais hormis la molécule, point de salut !

Il est clair que dans le domaine du vieillissement cérébral, dont la maladie d'Alzeihmer est la forme la plus douloureuse, il n'existe de remède miracle. Il semble aussi démontré que les extraits de ginkgo seront d'autant plus bénéfiques que le traitement sera prescrit et administré dès l'apparition des premiers symptômes, avant que les processus dégénératifs n'aient atteint un stade irréversible. Sous cette réserve, et au vu de l'impressionnante documentation consultée sur les essais pharmacologiques et cliniques menés sur l'extrait de ginkgo, il paraît incontestable que l'« Arbre aux quarante écus » reste un allié fidèle de l'homme. Sur le plan thérapeutique, en tout cas, il ne semble pas avoir dit son dernier mot...

---

1. *Libération*, 7 juin 2001.

CHAPITRE 4

Les aphrosidiaques, mythe ou réalité ? Le cas du ginseng

Le ginseng est la plus prestigieuse des plantes de l'arsenal thérapeutique chinois ; au point que, dans le monde entier, elle est devenue une espèce symbolique et même quasi mythologique, tant sa réputation est grande. Dans le plus ancien traité de pharmacopée chinoise, le très célèbre *Pen T'sao* remontant à l'empereur Shen Nong (2700 ans avant J.-C.), les propriétés du ginseng sont déjà décrites avec une précision toute orientale :

« On utilise le ginseng pour restaurer les cinq organes vitaux, pour harmoniser les énergies, pour calmer l'esprit, chasser les peurs, faire briller les yeux, ouvrir les vaisseaux du cœur, éclaircir les pensées, fortifier le corps et prolonger la vie. »

Voilà bien la définition d'une panacée, et il n'est donc pas étrange que la plante ait été baptisée *Panax ginseng*. Le nom générique, issu du grec *pan*, qui veut dire « tout », et *akos*, qui signifie « remède », évoque la plénitude, la multiplicité et la diversité des fonctions thérapeutiques qui seules sont l'apanage d'une panacée ; quant au nom spécifique de ginseng, il signifie « homme racine » *(gin tzaenn)* : cette dénomination évoque naturellement la forme de certaines de ses racines, souvent fortement anthropomorphes, privilège partagé avec notre très méditerranéenne Mandragore qui fait elle aussi partie — mais en Occident, cette fois — des grandes plantes mythologiques.

Marco Polo signale déjà le ginseng, mais n'en rapporte pas. C'est le commerce arabe qui introduit cette drogue en Europe dès le IXe siècle, mais pour une courte durée. Il a fallu attendre la longue présence des jésuites en Chine pour que le ginseng fasse enfin sa véritable entrée en Occident. L'un d'eux, le père Jartoux, avait été chargé par l'empereur d'établir des cartes précises de certaines régions montagneuses de Chine encore fort mal connues. Jartoux accéda ainsi à des lieux où aucun Européen n'avait encore jamais pénétré. Lorsqu'il explora les montagnes de Tartarie, le père se vit offrir par

Les nouveaux remèdes naturels

son guide une racine à mâcher. Dans une lettre écrite le 12 avril 1711 et adressée à la Royal Society de Londres, il relate cette expérience en détail, signalant qu'en moins d'une heure, sa fatigue se dissipa et qu'il recouvra toute son ardeur. Le père devint alors un ardent prosélyte de la consommation du ginseng, qu'il fit connaître en Europe par plusieurs publications scientifiques réservées aux sociétés savantes de l'époque.

Ayant lu les écrits du père Jartoux, un autre missionnaire français qui vivait au Canada, le père Lafitau, montra une reproduction du ginseng à des Indiens qui reconnurent la plante et la lui montrèrent[1]. Commença alors un intense commerce du ginseng américain vers la Chine où elle s'était faite rare, au point que la plante en vint aussi à se raréfier en Amérique. Il fallut donc la cultiver, ce que firent les Américains dont la production est aujourd'hui encore exportée sur le marché de Hong Kong.

Dans son ouvrage très documenté consacré au ginseng, la « racine de longue vie », Jean-Claude Chomat rapporte les bienfaits que la racine magique apporta au

---

1. Il s'agissait en fait d'une espèce très voisine, *Panax quinquefolium*, déjà connue de Linné.

roi Louis XIV vieillissant. À l'occasion d'un échange d'ambassadeurs, le souverain du Siam pensa honorer le Roi-Soleil en lui offrant un échantillon de ginseng. À l'époque, la drogue atteignait des prix fantastiques : trois fois celui de l'argent. On prétendait que le Roi ne parvenait plus à honorer convenablement les femmes qui partageaient sa couche. Dans son ouvrage, Jean-Claude Chomat évoque l'atmosphère affligée qui planait chaque matin sur le lever du Roi : « ... Il affichait une mine pitoyable devant la nombreuse assistance constituée par le valet de chambre, les pages, le grand officier de la chambre, le grand maître de la garde-robe, le barbier, le tailleur, le cravatier, l'apothicaire, l'horloger, le duc d'Orléans, le duc de Penthièvre, les dames d'honneur de la reine, les intendants des menus plaisirs, le grand chambellan, les officiers de bouche et du gobelet, les huissiers de la chambre et du cabinet, le portemanteau, le porte-arquebuse, le grand aumônier, le maître de chapelle, le maître de l'oratoire, le confesseur du roi, le capitaine des gardes du corps, le major des gardes du roi, le grand veneur, le grand louvetier, le capitaine des levrettes, le grand écuyer, le grand prévôt, le grand maître des cérémonies, les introducteurs des ambassadeurs, les gouverneurs des pages, le premier maître d'hôtel du roi, le grand panetier, l'imprimeur du roi, le premier architecte, les médecins servants, les médecins opérateurs, le capitaine des Cent-Suisses, sans compter plusieurs maréchaux et ministres... » Beaucoup de monde, en vérité, pour partager le royal dépit de Sa Majesté !

Le cadeau du roi de Siam était en proportion de la dignité du monarque français car il s'agissait d'une racine de ginseng à laquelle on attribuait l'âge vénérable de trois cents ans. L'épilogue de cette histoire — malheureusement invérifiable — est que le roi recouvra en quelques jours son ardeur d'antan. Il se sentait, disait-il, rajeuni de vingt ans.

De là vient sans doute la solide réputation d'aphrodisiaque de la plante, qui, malgré sa présence dans tous les sex-shops, reste hypothétique dans l'abondante littérature scientifique qui lui est consacrée. En fait, le ginseng est un tonique, et il est logique de penser qu'il stimule aussi les facultés génésiques. Mais les recherches pharmacologiques et cliniques sur les plantes réputées aphrodisiaques sont rares et singulièrement discrètes. Une réserve dont les autorités médicales se sont récemment départies avec l'entrée en scène fracassante du Viagra®. Mais le ginseng n'a rien du Viagra®, même

Les nouveaux remèdes naturels

s'il s'agit d'un puissant tonique agissant sur tout l'organisme, sans exclure un renforcement de la libido qui a pu être constaté dans plusieurs cas dûment répertoriés.

Le Roi-Soleil ne fut point le seul à bénéficier des propriétés roboratives et stimulantes du ginseng. Ainsi vit-on un jour le président Mao, âgé de 80 ans, rajeuni et tout revigoré, affronter le Yangzi jiang à la nage peu avant sa mort. Fatigué par l'exercice du pouvoir et par les épisodes, éprouvants pour la Chine mais aussi pour lui-même, de la Révolution culturelle et de la période des Cent Fleurs, le président aurait fait à l'époque, dit-on, une cure prolongée dans un centre de gériatrie où il aurait bénéficié des pratiques chinoises les plus traditionnelles pour recouvrer vigueur et ardeur. ginkgo et ginseng durent sans doute faire partie de son menu.

Henry Kissinger qui, dans les années 70, fut un chef de la diplomatie américaine particulièrement actif, omniprésent aux quatre coins de la planète au point qu'on daubait sur son don d'ubiquité, fut aussi, dit-on, un adepte du ginseng qu'il aurait consommé abondamment durant des années. Figurent encore parmi les adeptes célèbres de la drogue-miracle le président Marcos, ex-chef d'État des Philippines, feu le maréchal Tito, qui en aurait fait des cures régulières, et le célèbre Bruce Lee dont la fureur de vaincre creva les écrans de cinéma durant de longues années.

Mais revenons à notre plante dont l'allure est somme toute modeste, eu égard à l'étendue de sa réputation. Vivace par ses racines qui peuvent persister des dizaines, voire des centaines d'années — si la légende de l'échantillon offert à Louis XIV est confirmée —, elle possède des feuilles caduques qui tombent à chaque automne. Subsiste alors dans le sol la racine qui concentre d'année en année ses précieuses substances et qu'il est fortement déconseillé de récolter avant l'âge de 4 à 6 ans si l'on désire qu'elle possède des teneurs suffisantes en principes actifs.

Quant à évaluer l'âge des plus vieilles racines, c'est revenir sur une énigme classique en botanique : comment connaître l'âge des racines d'une plante vivace ? Par exemple, cette racine qui, au printemps, porte une jolie petite hampe de muguet, quand a-t-elle entamé sa croissance : il y a dix ans ? un siècle ? davantage encore ? La racine d'origine a certes disparu depuis longtemps, mais elle s'est propagée, redonnant chaque année une repousse porteuse de la hampe printanière. Pour le ginseng, il en va quelque peu différemment : la racine grossit chaque année et, pour savoir son âge, il faudrait connaître la date exacte du semis de la graine qui lui a donné naissance. Ce qui peut remonter fort loin si l'on en croit les croyances et légendes véhiculées en Chine et en Corée.

La tige du ginseng, simple et non ramifiée, peut atteindre 80 centimètres de hauteur. Les feuilles sont réunies par cinq, un peu comme celles du marronnier. Les fleurs, qui n'apparaissent qu'à la quatrième année, sont vert pâle et disposées en ombelles, exactement comme celles du lierre ; car c'est à la famille des Araliacées — celle du lierre, précisément — qu'appartient le ginseng. À la différence du lierre, cependant, les baies mûrissent normalement à la fin de l'été et n'attendent pas le cœur de l'hiver pour réjouir les oiseaux. Ceux-ci sont d'ailleurs également friands de baies de ginseng qui, par leur couleur rouge vif, les attirent fortement. La baie contient deux ou trois graines que l'on utilisera dans les plantations commerciales.

Car le ginseng est désormais une plante cultivée ; il serait en effet hors de question de prétendre approvisionner un marché mondial en pleine expansion par la seule récolte des racines sauvages. Les cultures se sont considérablement développées aussi bien en Corée du Nord qu'en Corée du Sud, en Chine et aux États-Unis. Quant à la plante sauvage, elle croît toujours en altitude, des forêts ombragées du Népal aux régions septentrionales de Chine, jusqu'aux régions côtières de la Sibérie orientale. Il s'agit désormais d'une plante rare, voire d'une curiosité botanique, car la découverte miraculeuse d'une très vieille racine peut valoir son pesant d'or. Ainsi les Chinois sont capables d'attendre vingt-cinq ans avant de cueillir une racine qu'ils ont repérée et qu'ils camouflent soigneusement en conservant secret le lieu de son implantation. Des racines de 25 à 35 ans d'âge sont commercialisées à Los Angeles où elles se revendent à des prix exorbitants pouvant dépasser les 15 000 dollars. Rien de tel en France où il n'existe aucun marché du ginseng sauvage ; seul le ginseng cultivé fait l'objet de tractations commerciales en Europe.

En Chine et en Corée, la plante est cultivée selon des procédés ancestraux soigneusement conservés. La tradition exige que le sol se repose, après une récolte, aussi longtemps qu'a duré la culture précédente, soit de quatre à six ans. Pendant ce temps, des cultures de légumineuses en assolement enrichissent ces sols en azote. En vue des récoltes à venir, ces sols sont minutieusement préparés grâce à la mise en œuvre de pratiques dignes de l'agriculture biologique. Les jeunes plants sont mis en place après que les graines ont été semées à l'abri de la lumière, sous des nattes de paille de riz.

On trouve traditionnellement dans le commerce du ginseng rouge et du ginseng blanc. La racine est naturellement blanche à la récolte, mais rougit si elle est traitée selon les modes traditionnels non plus chinois mais coréens. Dès 1757, lorsque les Coréens ont commencé à développer leurs propres cultures commerciales de ginseng, la seule manière de préserver la racine de l'action putréfiante des germes pathogènes consistait à la stériliser à la vapeur pendant deux ou trois heures. C'est à l'occasion de ce processus que les racines virent au rouge-brun. Ce sont elles qui seront proposées dans le commerce sous le nom de *ginseng rouge.* Les procédés modernes de stérilisation qui n'ont pas recours à la chaleur permettent de conserver au ginseng sa couleur claire, par exemple pour la fabrication de spécialités pharmaceutiques modernes.

La composition chimique du ginseng est extrêmement complexe puisque, à ce jour, plus de cent cinquante principes divers ont été identifiés dans ses racines. Parmi une foule de substances, c'est aux ginsénosides que semble devoir être attribuée l'action pharmacologique de la drogue, sans exclure toutefois que d'autres principes interviennent également dans l'activité du *totum*. La structure chimique des ginsénosides est aujourd'hui connue et l'on en dénombre une quinzaine, dont six semblent particulièrement importants.

Comme pour toute drogue végétale recélant un grand nombre de constituants dont plusieurs participent à l'activité du produit, il convient de s'assurer de sa qualité. Or celle-ci varie en fonction d'une multitude de paramètres. Paramètres génétiques : les diverses races ou variétés de la même espèce pouvant contenir des teneurs très différentes en principes actifs, il y a donc lieu de les normaliser, de les standardiser. Paramètres écologiques : les principes actifs sont en quantités variables selon les conditions de culture et de climat. Paramètres commerciaux : le marché livrant des produits de qualité variable, acheter du ginseng sans autre précision est donc une aventure risquée qui ne fournit pas une réelle garantie de qualité. C'est la raison pour laquelle l'industrie pharmaceutique met aujourd'hui sur le marché des extraits titrés, standardisés et homogènes ; leur teneur en ginsénosides est attestée par la standardisation des lots et leur vérification grâce aux moyens analytiques et technologiques les plus performants. Tel est, par exemple, le cas de l'extrait G 115, commercialisé par les laboratoires Boeringer-Ingelheim sous le nom de Ginsana® ou de Pharmaton®. De tels médicaments standardisés offrent par conséquent une garantie quant à leurs teneurs en principes actifs.

Le ginseng a fait l'objet d'innombrables études pharmacologiques, tant en Extrême-Orient que dans les pays occidentaux, les expériences étant pratiquées tantôt sur des animaux de laboratoire, tantôt sous forme d'essais cliniques. L'impression générale qui se dégage de la consultation de cette bibliographie pléthorique est que le ginseng est bel et bien... une panacée ! Améliorant les performances physiques et psychiques de ceux qui le consomment — y compris les sportifs pour lesquels il ne figure nullement parmi la liste des dopants —, il a été désigné sous le nom d'adaptogène par le professeur Brekhman qui, le premier, étudia en URSS, dans les années 60, les propriétés pharmacologiques de la plante. Celle-ci permet une meilleure résistance au stress, une convalescence plus rapide, des performances intellectuelles améliorées, notamment chez les sujets âgés, une meilleure oxygénation de l'organisme, notamment une meilleure irrigation sanguine du cerveau, une stimulation de l'immunité cellulaire, une résistance à l'asthénie et à la fatigue — tous résultats confirmés par une série de tests consacrés à la plante depuis une quarantaine d'années. Le ginseng améliore également les processus de mémorisation. Quant à ses effets anabolisants, ils sont sans doute liés à la parenté structurale des ginsénosides avec certaines hormones stéroïdiennes.

Cette avalanche d'effets positifs déroute quelque peu les pharmacologues occidentaux. Dans son précis de pharmacognosie [1], ouvrage de référence en langue française pour cette discipline, le professeur Jean Bruneton pousse la prudence jusqu'à évoquer toutes les propriétés du ginseng au conditionnel ; et il conclut somme toute sévèrement :

« Qualifié d'adaptogène, il est utilisé dans les pays occidentaux, seul ou bien associé à des cocktails de vitamines et de stimulants divers, dans le traitement symptomatique de l'asthénie fonctionnelle, en l'absence d'activité spécifique actuellement démontrée... »

---

1. Jean Bruneton, *Pharmacognosie, phytochimie et plantes médicinales*, Éditions médicales internationales, 1999.

C'est bien cette difficulté de mettre en évidence une action qui s'imposerait et dominerait toutes les autres qui heurte notre rationalité occidentale. « Terribles simplificateurs », comme disait Talleyrand, il nous faut une action par molécule ! C'est pourquoi l'action du ginseng telle qu'elle est culturellement perçue dans la tradition chinoise est si différente de l'image que nous en avons. Il n'est pas étonnant, dans ces conditions, que l'approche d'une plante de cette nature déroute nos principes traditionnels en matière pharmacologique : nous aimerions tant qu'une molécule atteste de son efficacité en agissant sur un récepteur spécifique et lui seul ! Ce qui, eu égard à l'extrême complexité du vivant, ne se produit en fait jamais, car tout est toujours plus compliqué qu'on ne le pense, surtout en physiologie humaine...

Quoi qu'il en soit, le ginseng illustre parfaitement l'une des spécificités de la phytothérapie qui consiste à mettre en œuvre une multitude de principes agissant simultanément et surtout synergétiquement les uns avec les autres et les uns par rapport aux autres. Rien de comparable avec l'action d'une molécule isolée dont, de nos jours, il est relativement plus aisé de définir le mode d'action pharmacologique et biochimique, et les effets thérapeutiques et physioogiques qui en découlent. Il est certes des plantes qui se rapprochent davantage de ce modèle en ce qu'elles recèlent, comme la belladone, l'aconit ou la digitale, quelques substances actives qui résument à elles seules toutes leurs propriétés, et en ce qu'elle possèdent des actions pharmacologiques très puissantes ; elles sont pour cette raison qualifiées d'« héroïques ». Comme beaucoup d'autres plantes médicinales, le ginseng illustre le cas de figure inverse, où aucune substance ne peut justifier et expliquer à elle seule l'action globale de la plante.

L'étude de l'action pharmacologique doit alors s'effectuer sur un extrait total, si possible titré et standardisé afin que sa composition soit la plus stable et la moins variable possible. Contrairement aux plantes « héroïques », l'on pourrait, s'agissant de ces dernières, parler de plantes « douces ». C'est sans doute pour cette raison que Giroud et Hagège attribuent au Ginsana® un petit dix sur vingt dans leur *Guide de tous les médicaments.*

Jusqu'à présent, aucune expérimentation clinique n'a pu naturellement démontrer que le ginseng prolonge la vie, comme on l'avance si souvent à son sujet. Nous laisserons donc ce dernier point en suspens afin de conserver au ginseng une part de son mystère. En revanche, ses propriétés de « tonique » et de « reconstituant », comme on disait autrefois, ne semblent point faire de doute.

CHAPITRE 5

Peut-on soigner la dépression par les plantes ?
Le cas du millepertuis

Pour des raisons qui tiennent essentiellement au bouleversement des modes de vie, à la perte des rythmes et des rites, à la nécessité de s'adapter en permanence aux changements, au risque de perdre tous ses repères, enfin et surtout à un stress et à une agressivité omniprésents, la dépression fait aujourd'hui des ravages. Du même coup, la classe des antidépresseurs s'est hissée au tout premier rang des séries médicamenteuses, avec un coût d'autant plus élevé que la Sécurité sociale les rembourse intégralement, en raison du service médical qu'ils rendent. La dépression est en effet devenue une véritable maladie de civilisation et appelle des traitements chimiques. De nombreuses molécules de synthèse sont proposées ; l'une d'elles, le

Les nouveaux remèdes naturels

Prozac® — à l'instar du Viagra® dans un tout autre domaine — est devenue proprement mythique. Ses molécules ont souvent des effets secondaires plus ou moins marqués : anxiété, insomnie, vomissements, vertiges, nausées, tremblements, voire chute spectaculaire de la libido, entre autres troubles divers.

Jusqu'à ces toutes dernières années, la classe des antidépresseurs était la seule classe pharmacologique à ne comporter aucun médicament naturel. Ce trait se trouve corrigé aujourd'hui par l'émergence en thérapeutique du millepertuis, baptisé peut-être hâtivement « Prozac® végétal ».

Le millepertuis est l'une des cinq grandes herbes de la Saint-Jean. Ses magnifiques fleurs jaune d'or s'épanouissent en effet au solstice d'été et ont donc été considérées comme un symbole de la lumière solaire arrivée au maximum de son intensité. Cette lumière éclatante est l'antithèse de la dépression qui plonge le malade dans les ténèbres, le deuil ou la grisaille. Or ceux — et ils sont nombreux — qui se soignent avec du millepertuis rapportent parfois s'être sentis envahis peu à peu par une impression de lumière intérieure. Le millepertuis est donc censé triompher des ténèbres de l'âme. Son nom latin, *Hypericum*, dérive du grec *hyper*, au-dessus, et *eikon*, image (qui a donné « icône »). Il renvoie à une croyance de la Grèce antique où l'on suspendait du millepertuis au-dessus des statues des divinités pour les protéger des mauvais esprits — les esprits des ténèbres, bien entendu, sorcières et démons qu'il était censé mettre en fuite ; d'où encore son nom latin de *Fuga demonium*.

Le nom spécifique de *perforatum* évoque une autre caractéristique de la plante : de menues perforations parsèment ses feuilles, que l'on remarque bien à contre-jour ; elles forment une multitude de petits points translucides que l'on pourrait croire être des trous, des « pertuis » — d'où le nom de « millepertuis ». Sépales et pétales en sont eux aussi ponctués. Une légende veut que, pour se venger de la plante, le diable aurait tenté de la détruire en mordant ses feuilles et ses fleurs : les « mille pertuis » seraient les stigmates laissés par ces morsures.

Ces trous ou points sont en réalité des poches sécrétrices translucides libérant, lorsqu'on les presse, un suc rougeâtre baptisé « sang de la Saint-Jean ». En faisant macérer les sommités fleuries dans un mélange d'huile d'olive et de vin blanc, on obtient une huile rouge vif. Cette coloration est due aux pigments contenus dans les sécrétions glandulaires, notamment l'hypéricine et ses analogues.

Cette huile fut jadis fort utilisée comme vulnéraire (du latin *vulnus*, blessure), notamment dans le traitement des blessures, mais aussi des brûlures et ecchymoses en usage externe. L'effet favorable sur la régénération de la peau lésée a été démontré par plusieurs études cliniques, et s'accompagne d'effets bactéricides et fongicides qui limitent les risques d'infection et accélèrent les processus de cicatrisation. Mais ces utilisations thérapeutiques, fort en vogue à compter du XVIe siècle, sont peu à peu tombées en désuétude, comme bien d'autres indications de la plante déjà citées par les auteurs de l'Antiquité : Pline, Dioscoride, Galien.

Plante étrange, en vérité, que ce millepertuis qui entretient décidément avec le soleil des liens privilégiés. En 1920, en effet, on s'aperçut que des herbivores à robe claire ayant brouté du millepertuis présentaient, lors d'une forte exposition au soleil, des œdèmes et des érythèmes sur les muqueuses et les parties dépigmentées de la peau. Dans certains cas plus sévères, les animaux étaient frappés d'une intense agitation avec diarrhées, dermatites et perturbations du rythme cardiaque. Des cas mortels furent même rapportés. Ces signes de photosensibilisation ne se manifestaient qu'après ingestion du millepertuis par le bétail et forte exposition au soleil. Le contact externe de la plante avec la peau reste sans effet. Mais, consommée, la plante rend la peau extraordinairement sensible aux rayons solaires...

Des études furent alors entreprises pour tenter de comprendre comment le soleil pouvait brûler à ce point les animaux à peau claire ayant consommé du millepertuis. On administra donc des extraits à des rats et l'on eut la surprise de constater que ces animaux manifestaient une plus grande activité que leurs congénères, qu'ils se fatiguaient moins vite et montraient davantage d'appétit. En fait, on avait redécouvert les propriétés neurotoniques de la plante déjà évoquées quatre siècles plus tôt par Paracelse qui l'utilisait dans le traitement de la « mélancolie », dénomination ancienne de la dépression.

Au Moyen Âge, la dépression était volontiers confondue avec la possession ; on pensait que des forces surnaturelles pouvaient s'emparer d'un être humain et provoquer chez lui des sentiments et des effets funestes. En tant qu'herbe de la Saint-Jean, le millepertuis était censé les contrecarrer.

En sorte que ses indications thérapeutiques les plus anciennes apparaissent en parfait accord avec les effets antidépresseurs qu'on lui a récemment découverts.

Il est aujourd'hui prescrit dans les cas de dépressions légères et moyennes, lesquelles se distinguent schématiquement des dépressions profondes par l'absence d'un désir prégnant de suicide. À la différence des antidépresseurs chimiques, on ne connaît pas avec précision le mode d'action de la plante ni les substances actives qui l'expliquent. L'hypéricine, à laquelle on a cru pouvoir attribuer l'effet thérapeutique du millepertuis, semble avoir une activité relativement faible. D'autres substances interviennent et c'est au *totum*, autrement dit à l'ensemble des constituants, qu'il faut attribuer pour l'instant les effets des extraits, sans désespérer de pouvoir mettre en évidence à l'avenir des substances plus directement actives. Les derniers travaux, publiés en 1998, montrent par exemple que l'hyperforine, passée jusque-là inaperçue, pourrait jouer un rôle important dans l'activité de la plante.

Des essais pharmacologiques et cliniques ont porté sur des extraits totaux de millepertuis. Les patients ont été séparés en deux groupes : les uns recevant un placebo, les autres l'extrait de millepertuis. Pour tous les essais cliniques effectués selon ces principes on ne peut plus classiques, les effets de l'extrait se sont révélés positifs par rapport au placebo, et ce dans des proportions statistiquement significatives. Parallèlement, d'autres essais cliniques ont été effectués pour comparer l'effet d'extraits de millepertuis à celui des antidépresseurs chimiques. L'action du millepertuis soutint la comparaison. Ces derniers tests sont néanmoins sujets à caution dans la mesure où les doses d'antidépresseurs chimiques utilisées ont généralement été trop faibles, dans le but de masquer aux patients leurs effets secondaires qui auraient permis de les détecter et de les différencier sur-le-champ du millepertuis et du placebo, qui se caractérisent justement par l'absence de tels effets. Pour cette raison même, il est difficile d'expérimenter comparativement le millepertuis et les antidépresseurs chimiques courants.

Typiques d'une thérapeutique douce, les effets du millepertuis sont longs à se manifester. Plusieurs semaines peuvent être nécessaires avant que les premiers signes positifs ne se fassent sentir. Chez un patient donné, le « vide » de la dépression se comble ainsi au « goutte à goutte », et l'impatience est le premier ennemi du traitement.

Les nouveaux remèdes naturels

Le millepertuis n'est nullement cette drogue miracle qu'on a voulu en faire en le comparant au Prozac®... qui d'ailleurs n'en est pas une non plus. De nombreux échecs thérapeutiques sont à déplorer et les effets bénéfiques ne sont repérables que dans une fourchette de 50 à 75 % des cas traités. Il est clair qu'ici l'orientation des patients et celle des thérapeutes jouent un rôle essentiel dans la prescription, les uns étant portés vers les médications chimiques, considérées positivement par la plupart des neuropsychiatres, les autres étant tentés par des thérapeutiques plus douces et par conséquent par des médicaments végétaux tels que celui-ci (mais seulement — ce point est essentiel — dans le cas de dépressions légères ou moyennes).

Face à l'énormité des dégâts causés par la dépression dont les victimes se comptent par millions, toutes les approches méritent d'être tentées. Des millions d'Allemands ont déjà été traités au millepertuis, et l'Amérique vient récemment de leur emboîter le pas. Mais, en tant qu'espèce naturelle, cette plante ne saurait être brevetée, ce qui représente pour elle un handicap majeur, notamment aux États-Unis où la Food and Drug Administration (FDA) est particulièrement sévère dans l'octroi des autorisations de mise sur le marché, et prend systématiquement ses décisions au détriment des médicaments végétaux et des plantes médicinales. D'autant que le millepertuis aggrave encore son cas, les substances effectivement actives chez lui n'ayant pu être jusqu'ici isolées. En outre, les résultats des traitements de patients dépressifs par les extraits de millepertuis n'ont commencé à être confirmés par le biais d'essais cliniques qu'à partir des années 1990-1993, donc tout récemment.

Une thérapie fondée sur l'effet de la lumière sur des patients présentant une dépression saisonnière sensible aux caprices de la météo, notamment aux longues périodes de faible luminosité, a pu être heureusement complétée avec succès par l'administration conjointe de préparations à base de millepertuis.

La plupart des médicaments actuellement vendus sont des extraits standardisés en hypéricine ; ce qui n'est pas entièrement satisfaisant, quand on sait que ce constituant n'est pas le principal responsable de l'activité de la plante, et ce qui explique les réticences dont le millepertuis fait encore l'objet.

Les effets propres à chaque principe actif n'ayant pu jusqu'ici être élucidés, il est bien difficile de comprendre le mode d'action de la plante. La dépression semble liée à une chute des teneurs cérébrales en plusieurs neurotransmetteurs actifs au niveau des synapses : notamment la sérotonine, la dopamine et la noradrénaline. Selon des études réalisées en 1995 et en 1998, le millepertuis inhiberait l'inactivation de ces neurotransmetteurs excitateurs dans l'espace synaptique ; cet effet serait en rapport avec la présence d'hyperforine, molécule récemment découverte. D'autres mécanismes d'action ont été proposés, et il est probable que plusieurs d'entre eux sont mis en jeu, chacun contribuant à des degrés divers à l'action antidépressive globale.

En Allemagne, 66 millions de doses ont été vendues en 1994. Le millepertuis est considéré outre-Rhin comme un médicament à part entière, prescrit dans des stratégies thérapeutiques contrôlées par le corps médical. Les comprimés et les solutés injectables d'Hyperforat® ou de Yarsin® sont titrés en hypéricine et utilisés dans les dépressions légères ou moyennes.

D'origine européenne, l'espèce a gagné les États-Unis, en particulier la côte nord-ouest du Pacifique où elle s'est répandue en abondance ; les fermiers durent même s'employer à en réduire les populations nouvellement venues et proprement envahissantes. Pour ce faire, on procéda selon les principes de la lutte biologique : en 1946, on introduisit un insecte australien particulièrement attiré par cette plante, *Chrysolina quadregenina* ; cette chrysoline fit merveille et le millepertuis recula partout. Mais, aujourd'hui où ses cultures se révèlent nécessaires pour répondre à la demande, les stratégies mises en œuvre pour l'éliminer après la Deuxième Guerre mondiale apparaissent plutôt comme un handicap après avoir constitué un net avantage.

Le marché du millepertuis est en effet en pleine expansion. Les préparations à base de millepertuis sont disponibles sans ordonnance dans les pharmacies, les drogueries, les supermarchés. Le traitement ne se déroule donc pas sous contrôle du médecin et se superpose souvent à un traitement par des antidépresseurs chimiques conventionnels. Il n'existe ni réglementation ni contrôle de qualité, si bien qu'il est impossible de garantir une concentration standardisée de ces médicaments en principes actifs.

En France, aucune préparation à base de millepertuis ne bénéficie à ce jour d'une autorisation de mise sur le marché. On peut se procurer en pharmacie des gélules, mais en sachant que ces produits ne sont pas standardisés. En fait, le millepertuis en tant que plante antidépressive reste encore largement méconnu dans notre pays, très en retard sur ce plan par rapport à l'Allemagne.

Toutefois, le millepertuis n'est pas un médicament anodin. Au cours de ces deux dernières années, on a signalé plusieurs cas où il interférerait avec d'autres médicaments, diminuant ou perturbant l'effet thérapeutique de ceux-ci. Il en irait ainsi pour un anticoagulant, des contraceptifs oraux et la ciclosporine. Ces médicaments sont tous métabolisés au niveau hépatique, et tout se passe comme si le millepertuis produisait une induction enzymatique aboutissant à une métabolisation plus rapide et plus complète de ces médicaments, avec diminution de leur activité. Des phénomènes analogues ont été constatés aux États-Unis et en Allemagne avec d'autres médicaments, notamment l'antiprotéase utilisée contre le sida. Suite à ces rapports, l'Agence française de sécurité sanitaire des produits de santé a publié, le 1er mars 2000, un communiqué mettant en garde les professionnels de la santé et leurs patients à propos de l'usage du millepertuis qui ne devrait pas être associé à d'autres traitements. Les centres de pharmaco-vigilance, destinés à repérer les éventuels effets indésirables, voire toxiques des médicaments, ont été alertés.

Ces cas, récemment décrits, attirent l'attention sur le problème plus général des interactions médicamenteuses ; certaines peuvent se révéler dangereuses à une époque où la prise de médicaments est en expansion continue, où ceux-ci sont de plus en plus puissants, avec souvent une marge thérapeutique réduite entre l'effet recherché et l'apparition d'une toxicité. C'est ce qui a conduit à placer le millepertuis sous surveillance et à éviter autant que faire se peut son association médicamenteuse avec d'autres produits tant qu'il n'aura pas livré les secrets de sa composition et de son mode d'action, ce qui permettra alors de mieux comprendre et contrôler ses effets. Affaire à suivre...

Il est difficile, pour l'heure, de prédire l'avenir du millepertuis dans la classe déjà bien fournie des antidépresseurs, tous d'origine synthétique. Visiblement, le dossier de ce médicament n'est pas mûr, et la recherche mérite d'être poursuivie en vue de repérer avec plus de précision ses véritables principes actifs. Ensuite seulement il sera possible de se prononcer sans équivoque sur son cas.

CHAPITRE 6

Contrer la montée du paludisme par l'armoise chinoise

Qui dit médecine chinoise pense d'emblée à l'acupuncture. Cette vision restrictive exclut l'autre base de cette médecine traditionnelle, largement utilisée en Chine : les plantes médicinales. Dans le *Grand Dictionnaire des drogues chinoises* publié en 1977, 4 634 produits naturels sont répertoriés, dont 4 134 plantes, 442 animaux et 58 minéraux — chiffres on ne peut plus révélateurs de l'importance du monde végétal dans la pharmacopée locale. La Chine comptant 32 200 espèces de plantes supérieures, on peut en fait considérer qu'environ une espèce sur sept est utilisée comme médicinale. Le nombre de ces plantes est à peine inférieur au total de toutes les espèces indigènes composant la flore française, soit environ 4 600 espèces.

En Chine, contrairement à ce qui se passe dans la plupart des autres pays, la pharmacopée traditionnelle n'est pas du tout marginalisée ; elle est utilisée dans le cadre de la médecine officielle et dans les hôpitaux au même titre que les traitements modernes à l'occidentale. On estime qu'elle représente 40 % des médicaments consommés, et jusqu'à 80 % dans les zones montagneuses les moins accessibles. Mieux : elle déborde largement les frontières de la seule médecine au sens où nous l'entendons en Occident, car elle couvre aussi le domaine de l'alimentation.

Toute l'habileté du praticien chinois consistait à combiner les plantes par des associations judicieuses en vue de potentialiser les produits actifs tout en tempérant leur éventuelle toxicité. De cette conception ancienne subsiste aujourd'hui dans la pratique chinoise l'idée que la pharmacopée doit être considérée comme une source non pas seulement de remèdes, mais aussi de produits destinés à empêcher de tomber malade ou à aider à recouvrer la santé au fil d'une convalescence. Tant et si bien que sont englobés tout naturellement dans les listes de plantes médicinales les végétaux courants de l'alimentation, légumes et fruits. Ces préoccupations diététiques et préventives, spécifiques de la Chine ancienne, restent très vivaces aujourd'hui, ainsi qu'en témoigne le succès d'ouvrages sur le thème « se soigner en s'alimentant », thématique aujourd'hui récurrente en Occident.

La Chine moderne soumet désormais les plantes de sa pharmacopée traditionnelle à des études scientifiques destinées à préciser leurs principes actifs, leur mode d'action et leurs indications thérapeutiques conformément aux critères de la science occidentale. C'est de cette approche qu'a émergé, au cours des dernières années, une nouvelle famille de médicaments antipaludiques dérivant d'une armoise : *Artemisia annua*, plante très répandue en Chine mais aussi subspontanée sur d'autres continents, notamment aux États-Unis et en Europe. Ainsi la trouve-t-on par exemple dans diverses régions françaises où elle a été sans doute accidentellement introduite, y compris en région parisienne. Cette plante porte aujourd'hui l'espoir de faire reculer l'inquiétante mortalité due au paludisme, qui tue chaque année deux à trois millions de personnes à travers le monde, fait trois cents millions de malades et menace encore le tiers de la population du globe.

Ce bilan tragique met en lumière la relative défaite de la vaste famille des antipaludiques descendant de la quinine, qui, depuis quatre siècles, constituent le seul traitement connu du paludisme. La quinine, principe actif de l'écorce de quinquina, fait partie des drogues issues de la conquête de l'Amérique du Sud, bien qu'elle ne nous soit parvenue qu'au milieu du XVIIe siècle, soit avec un bon siècle de retard sur la plupart des autres. Face aux hématozoaires responsables du paludisme et présents dans le sang des malades, la quinine accomplit d'abord des miracles. Si l'on en croit la tradition, elle sauva la vie du jeune Louis XIV, traité par cette poudre magique comme beaucoup de « grands » à l'époque, puis, plus tard, celle de son dernier fils vivant qui se mourait de fièvre. Mais, jusqu'au début du XIXe siècle, la poudre d'écorce de quinquina n'avait pas livré ses principes actifs. C'est à deux pharmaciens français, Pelletier et Caventou, que l'on doit l'isolement en 1920 de la fameuse quinine, désormais utilisée directement comme médicament du paludisme.

Lorsque la formule de cet alcaloïde fut établie, la chimie de synthèse s'y intéressa et s'inspira de cette molécule pour mettre sur le marché une vaste série de médicaments à propriétés voisines : l'ensemble forme une grand famille médicamenteuse spécifique de la lutte contre le paludisme, dont le représentant le plus connu est la chloroquine, ou Nivaquine®. Ces antimalariques ont permis de limiter l'endémie aux zones tropicales, mais ne sont point parvenus à l'éradiquer. On assiste en effet, depuis les années 60, à l'apparition, puis à l'aggravation de résistances des hématozoaires à toutes les molécules couramment utilisées pour les détruire.

Les hématozoaires responsables de la maladie étant inoculés dans le sang par un insecte, l'anophèle femelle, l'attaque du paludisme se développa simultanément dans deux directions : l'une visant à éradiquer les anophèles des milieux humides, surtout par assèchement ou épandage de pesticides ; l'autre visant à détruire les hématozoaires dans le sang par administration d'antipaludiques dérivés de la quinine. Malheureusement, conformément aux lois de la nature, ce qui devait arriver arriva : des souches de plus en plus nombreuses d'anophèles devinrent résistantes aux pesticides, et il en alla de même des hématozoaires vis-à-vis des antipaludéens. Insecticides et antimalariques contribuèrent certes à circonscrire l'aire d'endémie du paludisme aux zones tropicales, mais, en raison de la croissance démographique, ils ne réduisirent pas pour autant la population exposée.

En fait, les stratégies de lutte antipaludéenne définies au niveau international se sont révélées gravement insuffisantes. Comme dans le cas des antibiotiques, le problème crucial est la montée des phénomènes de résistance des hématozoaires aux médicaments destinés à les détruire. Ce phénomène a commencé à se manifester dans la décennie 1950-1960 et n'a cessé de s'accentuer depuis lors. La chloroquine, médicament universellement utilisé dans la prévention de la maladie, a perdu progressivement de son efficacité en Asie et en Amérique latine à partir de 1959, période au cours de laquelle furent détectées les premières souches chloroquino-résistantes en Colombie et au Cambodge. Puis d'autres antipaludiques se heurtèrent aux mêmes difficultés. Tant et si bien que tout le Sud-Est asiatique, une bonne partie de l'Afrique et de l'Amérique latine sont aujourd'hui contaminés par des souches résistantes d'hématozoaires du paludisme.

Face à l'émergence de ces résistances, la mise sur le marché de nouveaux principes actifs s'est imposée avec force. De nombreuses molécules ont été étudiées dans ce but aux États-Unis, mais les résultats se sont révélés plutôt décevants et n'ont abouti à la mise sur le marché que de deux antipaludéens : l'halofantrine (Halfan®) et la méfloquine (Lariam®). Un temps, ce dernier a suscité de grands espoirs dans les zones chloroquino-résistantes, mais une résistance à cette molécule a rapidement été observée en Thaïlande et au Cambodge, ainsi qu'une diminution de la sensibilité des hématozoaires en Afrique de l'Ouest.

De son côté, la Chine est entrée dans les processus de recherche d'antipaludéens avec une plante traditionnellement utilisée dans sa pharmacopée contre les fièvres : *Artemisia annua*. La mention la plus ancienne de cette plante a été trouvée dans une tombe datée de 168 avant J.-C. Il s'agit d'une belle armoise à capitules jaunes et à feuilles très découpées et très amères, qui en représentent la partie utilisée. Pour la première fois, en 340 de notre ère, on trouve dans le *Livre des Prescriptions d'urgence* de Ge Hang la prescription d'une macération de cette plante dans de l'eau pour faire tomber la fièvre. Bien plus tard, en 1596, Li Shizhen préconise l'emploi comme fébrifuge d'infusions des sommités fleuries dans son ouvrage le *Compendium des traitements*. Plus près de nous, en 1798, le *Wenbing Tiaobian* précise que *l'Artemisia annua* est indiquée en décoction dans le traitement du paludisme. Dès lors, cette plante entre dans la liste des plantes médicinales chinoises que les scientifiques de ce pays s'emploient aujourd'hui à soumettre aux techniques de la science moderne en vue de confirmer les indications traditionnelles.

Ainsi furent successivement franchies les différentes étapes qui mènent de la plante médicinale au médicament. Première étape : l'extraction du principe actif, aboutissant à l'isolement, en 1972, de l'artémisinine ou « ginghaosu », l'*Artemisia annua* étant nommée « ginghao » en chinois. Deuxième étape : l'établissement de la formule chimique de l'artémisinine, élucidée en 1979. Troisième étape : l'obtention du principe actif, l'artémisinine, par synthèse. Celle-ci est franchie non sans peine en 1989. Elle s'effectue à partir de l'acide artémisinique, abondamment présent dans la plante et très facile à extraire. Plutôt que d'une synthèse, il s'agit en fait d'une hémisynthèse, puisque l'on part d'une substance déjà présente dans la plante pour la transformer par voie chimique. Depuis 1990, l'artémisinine est donc produite avec des rendements satisfaisants, par hémisynthèse, à partir d'un constituant majeur de l'*Artemisia annua*. La plante elle-même est aisément accessible, car elle pousse un peu partout dans les terrains vagues et sablonneux, au bord des chemins, etc. L'approvisionnement par récolte dans ses sites naturels ne semble pas poser de problème particulier.

Le mécanisme d'action exact de l'artémisinine est mal connu, mais les essais physiologiques ont été fort encourageants. Dans un premier temps, des tests pharmacologiques ont été menés à bien sur des souris et sur des singes ; puis, devant les résultats positifs obtenus, les études cliniques ont été entreprises. L'artémisinine a été introduite par voie orale ou intramusculaire et on a pu constater que le délai de disparition du parasite du sang est meilleur pour ce médicament que dans le cas de la chloroquine. La prise par voie rectale se révèle très performante, l'artémisinine agissant plus vite que la quinine pour résorber les excès de fièvre et réduire les teneurs du sang en parasites. En fait, l'artémisinine présente trois avantages par rapport aux molécules antipaludiques classiques : elle agit plus rapidement sur la disparition des parasites dans le sang et pour abaisser la fièvre, ce qui évite l'évolution de la maladie vers des complications graves comme le neuropaludisme, forme souvent mortelle qui survient lorsque plus de 5 % des globules rouges sont parasités ;

elle est au moins aussi efficace que la quinine dans le traitement des formes graves ; enfin, elle est très efficace contre les parasites résistants à la chloroquine, à la quinine et à la méfloquine, d'où son intérêt dans des zones de polyrésistances comme l'Asie du Sud-Est. Enfin, pour éviter l'apparition de résistances à l'artémisinine, l'OMS préconise de l'administrer en association avec la méfloquine qui potentialise son action.

Mais l'artémisinine comporte certains inconvénients, notamment le nombre important de rechutes observées lors de son utilisation. Pour améliorer les propriétés du médicament et compenser ou annuler ces défauts, des analogues structuraux inspirés de sa structure chimique ont été synthétisés. Par réduction, on passe de l'artémisinine à la dihydroartémisinine, molécule qui possède une activité antimalarique deux fois supérieure à celle de l'artémisinine. Elle constitue à son tour un point de départ pour la synthèse de divers dérivés comme l'artémether, déjà commercialisé sous le nom de Paluther®, disponible dans les pays où le paludisme sévit de manière endémique. Le Paluther® donne de très bons résultats dans le traitement des formes graves du paludisme, notamment chez les sujets infectés dans les zones de multirésistances.

Par la suite, des formes nouvelles sont apparues, comme l'artésunate (Arsunax®), au mode d'action très rapide. Plus récemment, une nouvelle molécule, l'artéether, a été utilisée : elle possède une forte lipophilie et pourrait, de ce fait, être intéressante dans le traitement des formes cérébrales du paludisme. Elle présente en outre une toxicité plus faible que celle de l'artémether, et son coût de fabrication est réduit. Pour toutes ces raisons, l'artéether semble un médicament très prometteur.

À la différence de la quinine et de ses dérivés, ces médicaments ont la particularité de n'être utilisés que dans le cadre d'un traitement curatif, non à des fins prophylactiques. Tous sont au moins aussi efficaces que la quinine dans le traitement du paludisme grave.

Des synergies positives ont été mises en évidence : c'est ainsi qu'en Thaïlande, le traitement à base d'artésunate par voie orale, associé à la méfloquine, s'est révélé plus efficace que l'utilisation isolée de l'un ou de l'autre de ces médicaments. Ici, comme dans le traitement du sida ou du cancer, les polythérapies dessinent une piste fructueuse à laquelle ont de plus en plus souvent recours les thérapeutes.

Les dérivés de l'artémisinine ont été utilisés à ce jour par plus d'un million de patients, notamment en Asie du Sud-Est et en Afrique, sans manifester de toxicité particulière. Leur intérêt est d'ouvrir une voie entièrement nouvelle dans le traitement d'une des maladies les plus redoutables des pays du Sud. En effet, jusqu'ici, ce traitement du paludisme ne relevait que de la quinine et de ses homologues. L'apparition d'une seconde famille médicamenteuse constitue un apport positif considérable. Encore faut-il que ces médicaments soient massivement produits et distribués afin d'être à la portée effective des malades.

Nous touchons là à un problème majeur de santé publique : l'aptitude des grands laboratoires pharmaceutiques à mettre à la disposition des pays pauvres les médicaments dont ils ont besoin. L'exemple du sida est à cet égard significatif et désolant. L'épidémie se propage dans de nombreux pays, en particulier en Afrique, sans qu'aucun moyen thérapeutique ne soit en suffisance à la disposition des malades. Il en va de même du paludisme avec son tragique bilan : près de trois millions de morts chaque année pour trois cents millions de malades ! Découvrir de nouveaux médicaments est une chose, en permettre l'accès à ceux qui en ont besoin en

Les nouveaux remèdes naturels

est une autre. L'accès aux soins des populations du Sud, largement insolvables, est devenu une préoccupation majeure, mais force est de constater que le système strictement libéral de production des médicaments est bien incapable de faire face à la demande.

La découverte de l'artémisinine et de ses dérivés représente un des grands succès de la médecine de ces dix dernières années. On notera qu'elle est partie d'observations empiriques très anciennes, menées par les médecins chinois, et qu'elle a bénéficié du souci de ces derniers de soumettre les plantes traditionnelles de leur pharmacopée à des essais scientifiques comparables à ceux de la médecine occidentale. Cet exemple montre quels résultats sont susceptibles d'être obtenus par les études d'ethnopharmacologie qui visent à répertorier, puis à accréditer par des méthodes scientifiques rigoureuses la valeur de médicaments traditionnellement utilisés depuis des siècles, voire des millénaires. La Chine s'est résolument engagée dans cette voie et les grands laboratoires pharmaceutiques se montrent de plus en plus avides de connaître — voire de s'approprier ! — les secrets des chamans, guérisseurs ou autres tradipraticiens dans le monde entier.

Se pose dès lors le problème de la propriété intellectuelle de telles découvertes. Est-il légitime de considérer comme une invention et donc de breveter une substance active naturelle isolée d'une plante préconisée par un guérisseur ? À qui revient le mérite de la découverte de ses propriétés ? À la tradition, qui véhicule de génération en génération ce savoir, ou au laboratoire qui l'exploite après s'être procuré ces informations grâce à un informateur mandé sur le terrain ? Ce problème de la brevetabilité des espèces vivantes et de leurs constituants fait désormais l'objet de nombreux débats : si brevet il y a, la Convention de Rio sur la biodiversité exige des exploitants d'un médicament nouvellement découvert par les ethnopharmacologues de reverser des royalties aux gouvernements locaux et/ou aux ethnies détentrices et utilisatrices du savoir impliqué, étant cependant entendu que les espèces et les molécules naturelles ne sont pas brevetables en l'état, mais seulement après avoir subi des transformations qui valident l'originalité de l'invention.

En Chine, le problème se pose dans des termes quelque peu différents dans la mesure où la pharmacopée, connue et répertoriée depuis des siècles, fait l'objet d'une utilisation thérapeutique pratiquement aussi importante que celle de la médecine occidentale. Ce sont les Chinois eux-mêmes qui ont pris en main l'étude des milliers de plantes qu'ils utilisent empiriquement depuis des siècles et dont ils espèrent — comme ici, dans le cas d'*Artemisia annua* — tirer de nouveaux médicaments.

CHAPITRE 7

De nouveaux anticancéreux : l'if et la pervenche de Madagascar

Le ginkgo, le ginseng et le millepertuis présentent des caractéristiques communes, bien que leurs indications thérapeutiques soient fort différentes. Ces plantes médicinales sont en effet utilisées sous forme d'extraits, non sous la forme d'une substance active de structure chimiquement définie. Certes, les extraits contiennent dans le meilleur des cas des quantités standardisées de telle substance ou de tel groupe de substances censés être les dépositaires d'une partie au moins de l'activité thérapeutique. Activité à laquelle concourt toutefois l'ensemble des constituants de la plante, dans des proportions respectives qu'il est impossible de préciser. Thérapeutique par le *totum* : cette stratégie a plutôt mauvaise presse dans le monde du médicament où l'on préfère s'en remettre à l'usage exclusif des molécules actives isolées, synthétisées ou hémisynthétisées à partir de substances naturelles. Dans ce dernier cas, les molécules naturellement présentes dans les plantes sont transformées par des manipulations chimiques qui conduisent à des molécules-sœurs présentant des activités analogues, voire améliorées, souvent dénuées d'effets secondaires nuisibles et indésirables. C'est le cas de l'artémisinine.

Ce sont ces mêmes stratégies qui sont mises en œuvre à l'Institut de chimie des substances naturelles du CNRS, à Gif-sur-Yvette, par le professeur Pierre Potier et son équipe. Elles ont abouti au cours des dernières décennies à la mise au point de deux grands médicaments du cancer : la Navelbine® et le Taxoter®, ainsi que le relate Pierre Potier dans un récent ouvrage [1] auquel nous empruntons la substance du récit qui suit.

La Navelbine® est issue d'une plante originaire de Madagascar, aujourd'hui répandue dans toutes les régions chaudes ou

---

1. Pierre Potier et François Chast, *Le Magasin du Bon Dieu : les extraordinaires richesses thérapeutiques des plantes et des animaux*, J.-C. Lattès, 2001.

tempérées chaudes du globe. Cette plante, découverte par Étienne Flacourt sur la Grande Île, est en fait une pervenche à fleurs roses ou blanches, coquette et très élégante. Ses feuilles, opposées deux à deux sur une tige dressée, et ses pétales qui, au moment de l'éclosion du bouton, apparaissent comme enroulés les uns autour des autres, chacun étant recouvert sur un bord et recouvrant sur l'autre, signent, parmi d'autres caractères, son appartenance à la famille des Apocynacées. Les membres de cette famille botanique fort généreuse en substances actives ont fait l'objet d'innombrables recherches chimiques et pharmacologiques. N'est-ce pas des Apocynacées que l'on tire plusieurs grands médicaments du cœur, dont l'ouabaïne, ainsi que la vincamine, substance issue de nos belles pervenches bleues et utilisée pour sa capacité à protéger et dilater les petits vaisseaux sanguins, notamment ceux du cerveau ?

Dès le XVIIe siècle, des graines de pervenche de Madagascar arrivent à Paris au Jardin du Roi, l'actuel Muséum national d'histoire naturelle. Puis elle apparaît dans les collections des principaux jardins botaniques d'Europe et des ex-colonies. On la trouve aujourd'hui un peu partout, en zones tropicale et méditerranéenne, dans les jardins dont elle s'échappe parfois pour se répandre çà et là dans le paysage.

Après la Seconde Guerre mondiale, les chercheurs s'intéressèrent à cette espèce en raison des propriétés antidiabétiques que lui reconnaissait la tradition aux Philippines où elle est utilisée comme coupe-faim. En 1949, un endocrinologiste canadien de l'université de London (Ouest-Ontario), le professeur Noble, entreprend d'explorer ces supposées propriétés antidiabétiques.

Pour ce faire, il utilise des extraits de plantes qu'il teste sur des rats. Les résultats obtenus se révèlent décevants : le taux de glucose sanguin reste constant en dépit de l'administration réitérée d'extraits issus de plantes récoltées au Costa Rica. En revanche, Ralf Noble a la surprise de constater que, quelques jours après l'administration de ces extraits, les animaux testés meurent massivement de septicémie, et ce même lorsqu'il s'est agi d'extraits fort peu concentrés. Surpris par cette étrange décimation de rats d'expérience, les chercheurs pratiquent des autopsies et constatent une chute importante du nombre des globules blancs dans le sang des animaux traités. Or les globules blancs assurent la défense de l'organisme contre les agents pathogènes ; dans le cas des rats testés, leur absence a laissé les portes grandes ouvertes aux infections ; le système immunitaire ne fonctionnant plus, on assiste au décès des rats par septicémie.

Encore fallait-il penser à la suite ! Ralf Noble et ses collaborateurs testent alors l'extrait de pervenche sur des leucémies caractérisées par une prolifération massive et anarchique des globules blancs. Ils fractionnent l'extrait en composés divers et découvrent une substance alcaloïdique, la vinblastine, qui entraîne une forte diminution des globules blancs dans le sang des animaux traités. Les recherches antidiabétiques rebondissent en recherches anticancéreuses, selon un processus maintes fois observé lorsque, par des hasards heureux et grâce à un sens aigu de l'observation, les chercheurs s'éloignent de leurs intuitions initiales et empruntent les chemins de traverse qui se proposent à eux lors d'expériences dont les résultats diffèrent de ceux qu'ils attendaient.

Ici, le hasard s'accompagne d'une étonnante coïncidence. En effet, à la même époque, mais cette fois aux États-Unis, Svoboda et ses collaborateurs des laboratoires Eli Lilly, à Indianapolis, mènent des recherches similaires. Ils ont sélectionné

Les nouveaux remèdes naturels

deux cent quarante plantes en vue de les tester systématiquement pour déceler chez elles une éventuelle activité anticancéreuse. Quand ils testent la quarantième plante de cette série, la pervenche de Madagascar précisément, ils constatent que les souris leucémiques traitées vivent vingt jours de plus que les autres. Du coup, on s'intéresse vivement à cette plante chez Eli Lilly, et le professeur Svoboda en isole à son tour la vinblastine. Étonnamment similaires, les résultats obtenus conduisent l'équipe canadienne et l'équipe américaine à collaborer. Et ce sont finalement deux alcaloïdes qui apparaissent sur le marché du médicament : la vinblastine est spécialisée sous le nom de Velbé®, et la vincristine sous celui d'Oncovin® ; l'une et l'autre sont commercialisées par les laboratoires Lilly.

L'Oncovin® est particulièrement indiquée dans le traitement des leucémies aiguës lymphoblastiques, généralement en association avec des corticoïdes ; elle est aussi utilisée en polychimiothérapie dans de nombreuses formes de cancer. Le Velbé® est un médicament classique de la maladie de Hodgkin, cancer des ganglions dont elle a largement modifié le pronostic, autrefois presque toujours fatal. En France, ces deux médicaments ont été mis à la disposition des thérapeutes à la Noël 1969. Curieusement, sur la totalité des alcaloïdes isolés de cette espèce de pervenche malgache, ce sont les deux alcaloïdes découverts en premier qui se sont révélés seuls actifs.

Mais le problème de leur production se trouve fort compliqué par le fait qu'ils ne sont présents dans la plante qu'en proportions très faibles, toujours inférieures à 1 pour 10 000, alors même que la teneur globale de celle-ci en alcaloïdes est de l'ordre de 0,5 à 1 %. Vinblastine et vincristine sont donc des alcaloïdes extrêmement minoritaires chez notre pervenche. Aussi faut-il pas moins d'une tonne de plante séchée pour obtenir par extraction 6 à 10 grammes de vinblastine et encore 10 à 20 fois moins de vincristine — d'où le coût très élevé du traitement, comme c'est souvent le cas lorsque la production se heurte à des difficultés majeures d'approvisionnement en matières premières.

D'innombrables tentatives ont été entreprises pour parvenir à la synthèse de ces deux molécules, mais aucune ne s'est révélée satisfaisante. La production continue donc à être assurée par la pervenche elle-même dont Madagascar, avec près de mille tonnes par an, reste le premier fournisseur. La plante y est produite par culture. Cela n'a pas découragé pour autant les efforts visant à réussir malgré tout la synthèse de ces substances dont la formule chimique est malheureusement fort complexe. C'est ce défi qui a enfin été relevé à l'Institut de chimie des substances naturelles de Gif-sur-Yvette.

À cette époque, le professeur Pierre Potier vient de subir une terrible épreuve : son épouse Marie-France, pharmacienne comme lui, décède d'un cancer. Comme il advient parfois, cette douloureuse épreuve décide de la suite de sa carrière. Il se fixe pour objectif de développer la quête de nouveaux médicaments anticancéreux. Pierre Potier entreprend donc de poursuivre les recherches déjà engagées par les chimistes sur la pervenche de Madagascar en vue de synthétiser les alcaloïdes actifs à partir de composants naturels présents en proportions plus importantes dans la plante. Jusque-là, des recherches analogues menées aux États-Unis et au Canada ont échoué. La synthèse de la vinblastine est en effet particulièrement aléatoire : alors que la molécule n'est active que sous la forme de son isomère gauche, les chimistes ne sont parvenus à obtenir l'alcaloïde que sous sa forme droite, parfaitement inactive. Pierre Potier décide alors d'appliquer à la synthèse une réaction chimique, la réaction de Polonovski, modifiée par ses soins quelques années plus tôt et qui mime parfaitement le processus biosynthétique mis en œuvre par la plante elle-même. Une collaboratrice de l'Institut, Nicole Langlois, parvient ainsi, à partir de la vindoline et de la catharantine — deux alcaloïdes « majoritaires » dans les extraits de pervenche —, à synthétiser une molécule d'anydrovinblastine, c'est-à-dire de vinblastine à laquelle il ne manque qu'une molécule d'eau. À ce stade, il suffit d'hydrater l'anydrovinblastine pour aboutir à la vinblastine.

Mais l'opération se révèle beaucoup plus compliquée que prévue. Un jeune chimiste de 26 ans, Pierre Mangenet, dont la thèse visait précisément à l'obtention de la vinblastine par hémisynthèse, observe en 1978, lors d'une analyse chromatographique [1], une minuscule tache bleue manifestant sur le chromatogramme la présence inattendue d'une substance inconnue révélée par le réactif coloré. On entreprend alors d'en déterminer et la nature et la structure

---

1. Processus de séparation des composants d'un mélange par diffusion différentielle de chaque molécule sur un support (gel ou papier).

par spectrométrie, selon les techniques habituellement mises en œuvre dans ces laboratoires. Au bout de plusieurs mois, la molécule révèle sa vraie nature : totalement inédite, elle a pris naissance au cours des manipulations sans être initialement présente dans la pervenche elle-même. Bref, les chercheurs ont obtenu une nouvelle substance inexistante à l'état naturel. Cette substance, à son tour testée, manifeste de fortes propriétés antitumorales.

De nouvelles recherches sont entreprises sur ce produit et aboutissent, après bien des efforts et des tracas, à un nouveau médicament anticancéreux : la Navelbine®.

Mais, dans le domaine de la recherche pharmaceutique, il y a souvent loin de la coupe aux lèvres ! Pierre Potier présente d'abord sa nouvelle molécule aux chimistes de Rhône-Poulenc. Sa proposition intervient au moment précis où la firme pharmaceutique, confrontée à des difficultés financières, vient de décider d'interrompre ses collaborations avec des chercheurs extérieurs. Sa Navelbine® sous le bras, Pierre Potier s'adresse alors successivement à plusieurs autres laboratoires, notamment Roussel Uclaf et Servier, sans succès. Beaucoup, il est vrai, montrent une certaine répugnance à s'engager dans des recherches qui ne concernent pas directement un « produit maison ».

L'inventeur contacte en définitive les laboratoires Eli Lilly, déjà fort engagés dans la commercialisation des alcaloïdes de la pervenche de Madagascar. Mais, comme le note Pierre Potier, on « tenta de récupérer le bébé par des voies détournées »... En revanche, ses contacts avec Pierre Fabre, le grand industriel pharmaceutique établi à Castres où sont installés ses laboratoires, aboutissent ; une coopération exemplaire se met alors en place, les laboratoires Fabre s'engageant dans une nouvelle direction thérapeutique : l'oncologie. Des études cliniques sont entreprises, visant à définir au mieux la posologie du nouveau médicament qui obtient en 1989 son autorisation de mise sur le marché (A.M.M.) par le ministère de la Santé. L'A.M.M. étant le véritable acte de naissance d'un médicament, la Navelbine® vient de faire son entrée dans le monde des thérapeutiques officielles du cancer. Premier antitumoral fabriqué en France, elle reçoit, en 1994, son autorisation de mise sur le marché américain par la très sévère Food and Drug Administration. Ce médicament est essentiellement utilisé aujourd'hui dans le traitement du cancer du poumon « non à petites cellules », et donne aussi de bons résultats dans celui du cancer du sein.

Non contente d'inscrire à son tableau de chasse ce nouveau médicament à diffusion internationale, l'équipe du professeur Potier s'est intéressée également aux anticancéreux issus de l'if. L'if est ce conifère bien connu dont les aiguilles aplaties comme celles du sapin présentent une coloration vert foncé, avec deux lignes plus claires sur leur face inférieure. Mais, à la différence du sapin, l'if ne porte pas de cônes. Les ifs femelles — car il existe Monsieur et Madame If — se couvrent en fin de saison de petites boules rouges qui les transforment en sorte d'arbres de Noël et qui constituent en fait non pas des fruits, mais des graines partiellement enfoncées dans des urnes charnues et très colorées.

L'if est un arbre qui a toujours fait peur. Les Anciens redoutaient sa toxicité, mais, comme son bois présente des caractéristiques très favorables, on l'employa pour fabriquer des arcs et des flèches. Ces flèches, les Gaulois les enduisaient d'extrait d'if fortement toxique — d'où le fait que les auteurs de l'Antiquité utilisèrent la même racine latine pour désigner la flèche et le poison tant l'usage de l'une impliquait l'emploi de l'autre : la racine *tox* a donc donné toxique, toxicité, mais aussi *Taxus*, nom latin de l'if. Au premier siècle de notre ère, Dioscoride décida néanmoins de réserver le radical *tox* aux seuls poisons, les toxiques, et non plus aux flèches. La toxicité de l'if était si redoutée que le même Dioscoride, médecin célèbre et chirurgien des armées de Néron, craignait de s'empoisonner s'il venait à s'endormir sous cet arbre... En fait, le nom de l'arbre est particulièrement riche en connotations symboliques. En celte, l'if s'appelait *eburos* ; latinisé, *eburos* a donné *eboracum*, puis Évreux (dans l'Eure) et Évrecy (dans le Calvados). Mais York a la même origine avec, semble-t-il, un « recouvrement » de la racine par la désignation anglo-saxonne *Yew*, qui a donné « if ». Ainsi la plus puissante métropole du monde, New York, porte-t-elle un nom gaulois, même si elle a choisi la pomme comme symbole.

Des empoisonnements du bétail étant souvent signalés, on tenta d'éradiquer l'if des forêts européennes d'où il a très largement disparu. Mais l'arbre a pris sa revanche dans les parcs et jardins où sa faculté de se laisser tailler avec beaucoup de docilité par les jardiniers lui a valu de devenir un arbre ornemental de tout premier plan. Qui n'a vu dans nos parcs des ifs taillés en pyramides ou évoquer les formes les plus diverses : un banc, un personnage, une figure géométrique, etc. ? Pourtant, l'if n'en demeure pas moins toxique. On rapporte que les chevaux de corbillard qui acheminaient les défunts dans les cimetières parisiens s'intoxiquaient parfois en broutant les feuilles d'if pour passer le temps. La bête mourait alors dans d'atroces souffrances et l'enterrement avait en quelque sorte fait deux morts...

Si les ifs sont très fréquents dans les cimetières, c'est qu'ils symbolisent la pérennité de la vie par leur grande longévité, qui peut dépasser 2000 ans, et par leur feuillage toujours vert. Les ifs des cimetières de Normandie comptent parmi les arbres les plus vieux de France : ils atteignent de 1 600 ou 1 700 ans comme ceux de La Haye-de-Routot, dans l'Eure, ou du cimetière d'Estry, dans le Calvados.

Mais l'histoire de l'if nous réservait une divine surprise : de plante toxique, il est devenu médicament.

La première substance active issue de l'if fut le taxol, molécule anticancéreuse dont l'histoire commence au début des années 60, lorsque le National Cancer Institute (NCI) déploya aux États-Unis un vaste programme d'évaluation de plantes afin de mettre en

Les nouveaux remèdes naturels

évidence de nouvelles substances antitumorales. Pas moins de trente-cinq mille espèces végétales furent alors passées au crible, et c'est ainsi qu'un extrait brut d'if du Pacifique [1] fournit une réponse positive sur certaines leucémies expérimentales. Les chercheurs américains en isolèrent le taxol, dont la formule chimique fut établie en 1971. La structure du taxol ne ressemblait à aucune molécule connue et présentait par conséquent l'avantage d'ouvrir en chimiothérapie anticancéreuse une nouvelle tête de série sans relation avec aucun des médicaments déjà utilisés jusque-là. Mais, comme dans le cas de la pervenche de Madagascar, l'exploitation du taxol se heurta d'emblée à de graves inconvénients inhérents à l'approvisionnement en matière première. Le taxol s'extrayait en effet de l'écorce recouvrant le tronc des ifs, ce qui exigeait des écorçages massifs entraînant la destruction de l'arbre et mettant ainsi en péril la persistance de l'espèce sur la côte Pacifique des États-Unis. En 1988, il fallut abattre 12 000 ifs pour n'isoler que deux grammes de taxol !... Naturellement, ces abattages massifs se heurtèrent aux protestations vigoureuses des écologistes, de sorte que les recherches

---

1. *Taxus brevifolia.*

industrielles et thérapeutiques en cours finirent par se retrouver dans l'impasse faute de matière première. Comme, de surcroît, l'if est de croissance très lente, il était impossible d'envisager des plantations rentables à vue humaine. Quant à la synthèse du taxol, elle se heurtait à d'insurmontables difficultés en raison de la structure très complexe de la molécule. On entreprit néanmoins de tenter cette synthèse : entre 1983 et 1993, aux États-Unis, plus de trente équipes s'attelèrent à cette tâche.

C'est alors que le professeur Pierre Potier et son équipe entrèrent dans le jeu. Les ifs européens ne croissaient-ils pas dans le parc de l'Institut de Gif-sur-Yvette, à deux pas des laboratoires ? En 1979, la municipalité de Gif entreprit de percer une route dans une partie du parc, ce qui conduisit à l'abattage de plusieurs ifs centenaires. Les arbres abattus furent soigneusement conservés : aiguilles, bois, graines, écorces, racines furent séparés en vue de déterminer la partie de la plante la plus riche en taxol.

En charge de ces recherches, Daniel Guénard isola du feuillage — et non des écorces, comme avaient fait les Américains — une substance modérément active. Celle-ci s'avéra ressembler étroitement au cœur de la molécule de taxol. Pour obtenir celui-ci, il fallait rajouter à cette structure une chaîne latérale identique à celle figurant dans la molécule de taxol. Idée simple, mais difficile à mettre en œuvre. Les choses traînèrent en longueur et plusieurs tentatives avortèrent. Mais, à la place du taxol, les chimistes finirent par obtenir un autre composé qui révéla, sur les tests pratiqués *in vitro*, une activité deux fois supérieure à celle du taxol. Ce composé fut baptisé taxotère®.

Le taxotère® fut développé par les laboratoires Rhône-Poulenc qui ont poursuivi les recherches portant sur cette molécule. Ils observèrent notamment que dans certaines tumeurs comme celles du côlon, les cellules cancéreuses résistent volontiers au Taxotère®. Ces cellules expriment des gènes de résistance aux drogues qui fabriquent une sorte de « protéine vigile ». Lorsqu'elle « voit » arriver le taxotère à proximité de la cellule, cette protéine le reconnaît et bloque son entrée. En employant un dérivé « masqué », très voisin mais non identique, on peut tromper la « protéine vigile » ; elle laisse alors entrer la molécule camouflée qui pourra remplir sa tâche en éliminant la cellule cancéreuse.

Bref, un nouveau dérivé de l'if est actuellement en évaluation clinique et pourrait prochainement fournir un nouveau médicament dans cette riche série. En effet, une chose est de posséder une molécule anticancéreuse, une autre est de lui permettre d'atteindre efficacement et rapidement sa cible en évitant au maximum les effets secondaires néfastes. C'est une des préoccupations majeures des cancérologues que d'améliorer le transport du médicament jusqu'au lieu où il doit agir, sans détruire les organes sains et sans qu'il se détériore en cours de route. Ainsi la société anglaise Cell Therapeutic Inc. a fixé un polymère de synthèse sur une molécule du taxol ; pourvu de ce « poisson-pilote », le médicament pénètre en quelques minutes — au lieu de plusieurs heures naguère — sur le lieu de la tumeur.

Les recherches se poursuivent donc activement sur la vaste famille des substances actives de l'if et de leurs dérivés qu'on ne cesse de perfectionner. Cet exemple illustre bien la marche en avant de la recherche pharmaceutique dont les étapes successives peuvent se résumer comme suit : découvrir une plante active, puis, dans celle-ci, une ou plusieurs molécules responsables des effets constatés, les obtenir par extraction si la culture en est possible, ou, à défaut, par synthèse soit de la molécule elle-même, soit de dérivés voisins aux propriétés légèrement différentes mais que la recherche ne cessera d'améliorer. Quand l'ensemble de ces objectifs est atteint, reste encore à tenter de comprendre avec précision le mode d'action des molécules thérapeutiques sur leur cible. C'est ce qui vient d'être fait à propos des dérivés antitumoraux de l'if.

En janvier 1999, le physiologiste Lee Makovski, de l'université de Floride, collaborant avec des chercheurs de l'université de Londres, a découvert la manière dont le taxol s'y prend pour détruire les cellules cancéreuses. Certes, on sait, depuis 1979, qu'il empêche la division de ces cellules ; mais il vise en outre une autre cible : la Bcl 2. Il s'agit d'une protéine qui, tel un ange gardien, empêche la cellule de mourir de sa mort naturelle, la fameuse apoptose. Une action habituellement favorable, mais qui devient néfaste lorsque les cellules cancéreuses prolifèrent indéfiniment. En se liant à la Bcl 2, le taxol bloque l'« ange gardien » et laisse la mort faire son œuvre : les cellules cancéreuses sont alors détruites.

Taxol et Taxotère® sont actuellement deux grands médicaments du cancer. En 1995, cinq ans après sa première administration à l'homme, l'autorisation de mise sur le marché du Taxotère® a été obtenue simultanément en Europe et aux États-Unis. En monothérapie, le taxotère® est indiqué dans le traitement du cancer du sein localement avancé ou métastatique, notamment après échec d'une chimiothérapie préalable. En revanche, le taxol, indiqué dans le traitement des cancers de l'ovaire, l'est aussi dans celui des cancers du sein, mais, dans ce cas, chez les patientes en état d'échec thérapeutique ; il est aussi indiqué dans certains cancers bronchiques déjà avancés.

Tout n'est pas toujours aussi simple dans le monde de la recherche pharmaceutique. Les échecs sont innombrables et beaucoup de médicaments potentiels finissent dans les placards, comme... certains présentateurs de télévision ! L'arrêt en cours de développement est en effet le lot de maints médicaments, et, comme l'indique Pierre Potier, « l'industrie du médicament ressemble de plus en plus à un gigantesque cimetière ».

Tel ne fut pas le cas de la Navelbine® et du Taxotère®. Ceux-ci dopèrent substantiellement les crédits de l'Institut de chimie des substances naturelles de Gif grâce aux redevances liées à l'obtention de brevets. Rien qu'avec le Taxotère®, le budget du laboratoire s'est trouvé doté en l'an 2000 de 27 millions de francs alors que le CNRS, dont il dépend, ne lui affecte, hors salaires, que 7 millions de francs annuels pour l'ensemble des frais de recherche ; 50 % de la somme récoltée revient au CNRS, 25 % à l'Institut de Gif et 25 % aux inventeurs.

L'objectif que s'était fixé Pierre Potier est atteint. Ce grand chercheur consacre du temps à l'Institut Gustave-Roussy de Villejuif où il visite les patients soignés grâce aux médicaments auxquels il a donné naissance. Cette très belle réussite est à mettre au compte de la compétence et de la ténacité d'un pharmacien qui a consacré sa vie à mieux connaître les substances naturelles et à en tirer des médicaments modernes. D'autres projets de cette nature sont actuellement en cours de développement, et Gif n'a pas fini de nous réserver des surprises.

CHAPITRE 8

Lutter contre la douleur : la montée en puissance de la morphine

Le pavot somnifère et le suc qu'il exsude par incision de ses capsules, l'opium, avaient déjà une très longue histoire lorsque la morphine vit le jour à l'aube du XIXe siècle. Originaire de l'Est méditerranéen, il en est fait mention sur la célèbre tablette de Nippour qui reproduit en caractères cunéiformes, datés de sept siècles avant notre ère, des documents plus anciens remontant à l'époque sumérienne, soit au quatrième millénaire avant J.-C. Le pavot y est désigné par deux idéogrammes correspondant l'un à « plante », l'autre à « joie » : c'est la « plante du bonheur » ! On le trouve aussi décrit dans le célèbre papyrus mis au jour par Ebers en 1873. Écrit à Thèbes environ seize siècles avant J.-C., ce document est la plus ancienne liste de drogues qu'ait livrée l'histoire des civilisations occidentales.

Dès le IVe siècle avant notre ère, Théophraste, père de la botanique, décrit avec précision et pour la première fois la méthode consistant à récolter l'opium par scarification des capsules. Il mentionne également un poison composé de ciguë, de pavot et de quelques autres ingrédients, dont un drachme (3,824 grammes) suffisait à provoquer la mort... Il s'agit sans doute de la fameuse ciguë que Socrate but en 400 avant J.-C. Quatre siècles plus tard, Pline, le père des naturalistes, attribue à l'opium sa fameuse « vertu dormitive », expression qui connut une belle fortune après que Molière l'eut mise sur les lèvres de son fameux Diafoirus : « L'opium fait dormir, car il possède une vertu dormitive... »

Les grands médecins de l'Antiquité, Dioscoride et Galien, faisaient usage de la drogue pour calmer la douleur. Galien, père de la pharmacie, mit au point une préparation célèbre à base d'opium, la thériaque, formule complexe dont il donnait chaque jour à l'empereur Marc Aurèle, pour soigner ses maux de tête, une dose aussi grosse qu'une fève d'Égypte. Ce qui explique peut-

Les nouveaux remèdes naturels

être le légendaire stoïcisme du grand empereur et son mépris affiché de la douleur...

Mais l'Antiquité gréco-romaine ne fait nulle part allusion aux effets toxicomanogènes du pavot et de l'opium. Il faut attendre Alexandre de Tral, médecin de l'empereur Justinien, constructeur de Sainte-Sophie à Constantinople, au VIe siècle de notre ère, pour trouver une première mise en garde contre les dangers d'un surdosage. Vinrent ensuite les Arabes qui, prenant le relais du monde antique, transmirent les usages de l'opium à l'Orient. Il gagne alors l'Inde et la Chine où l'habitude de le fumer se développe à partir de la fin du XVIIe siècle, pour atteindre aux XVIIIe et XIXe siècles des proportions extraordinaires [1].

En revanche, il poursuit en Occident sa carrière de médicament. Thomas Sydenham, célèbre médecin anglais du XVIIe siècle, a inventé une préparation à base d'opium qui porte encore son nom, le « laudanum de Sydenham ». De l'opium il disait que s'il lui fallait en priver les malades qui souffrent, il préférerait « renoncer à l'exercice de la médecine ». À cette époque, la vocation de

---

1. On lira sur ce thème mon ouvrage *Drogues et plantes magiques*, Fayard, 1983.

l'opium à soulager la douleur était clairement établie.

Le XIXe siècle voit s'effectuer le passage de l'opium à son principe actif, la morphine. En décembre 1804, Armand Seguin, médecin des armées de Napoléon et ancien assistant de Lavoisier, rapporte à l'Académie des Sciences l'isolement d'une substance narcotique cristalline extraite de l'opium. Mais il ne poursuit pas ses recherches et le résumé de ses travaux n'est publié qu'en 1814 dans les *Annales de Chimie*. Un an plus tard, Friedrich Serturner, apprenti pharmacien dans la petite ville de Paderborn, en Wesphalie, publie le résultat de ses essais sur un chien d'une substance alcaline isolée de l'opium ; en 1817, il publie sa première grande étude sur le « morphium », que Gay-Lussac, réservant le suffixe « ine » à l'ensemble des substances alcalines isolées des végétaux, propose de désigner sous le nom de « morphine ».

Car commence alors la grande aventure de l'extraction végétale : chaque plante médicinale est sommée de livrer ses principes actifs que les chimistes s'évertuent à obtenir à l'état pur et cristallisé avant d'en établir — généralement plus tard — l'exacte formule chimique. Tandis que le « morphium » devient morphine, le chimiste allemand Wilhem Meissner propose en 1818 le terme d'« alcaloïde » pour décrire ce type de substance végétale alcaline porteuse de propriétés pharmacologiques remarquables.

La morphine est d'abord utilisée par voie orale, en solution buvable, dans le traitement des douleurs chroniques, mais aussi dans les états d'agitation en psychiatrie. Mais, avec l'apparition de la seringue, inventée par Wood en 1853 et perfectionnée par l'orthopédiste Charles Gabriel Pravas, la voie hypodermique s'impose rapidement. L'administration de morphine par injection rend d'inestimables services pour le traitement des blessés durant la guerre de 1870. Mais de nombreux cas de toxicomanie sont ensuite observés chez les soldats démobilisés. La morphine révèle ainsi son autre visage. Elle devient une drogue toxicomanogène et connaît une vogue extraordinaire dans les milieux mondains, notamment des arts et du théâtre, sans épargner le milieu médical, alors qu'aucune interdiction ni aucun tabou ne vient en limiter l'emploi.

On tente donc de modifier la molécule de morphine par synthèse afin d'éliminer cet effet collatéral fort gênant. Heinrich Dreser, des laboratoires Bayer, opère la synthèse et préconise l'emploi de la diacétyl-morphine, qu'il décrit comme un médicament « héroïque » aussi efficace et plus sûr que la morphine : il s'agit en fait de l'héroïne, commercialisée en 1898, un an après l'aspirine, comme médicament de la toux ! Mais les effets toxicomanogènes de l'héroïne se révèlent plus dramatiques encore que ceux de la morphine et ne tardent pas à prendre le pas sur ses qualités thérapeutiques. L'on voit alors fleurir de par le monde des réglementations visant à limiter l'usage de ce médicament inscrit — tout comme la morphine — au tableau B des pharmacies, c'est-à-dire dans la classe des stupéfiants créée par la loi du 12 juillet 1916, au même titre que l'opium, la feuille de coca et tous leurs dérivés. Puis, considérant que ses effets négatifs l'emportaient nettement, on a privé l'héroïne de son statut de médicament et sa consommation a été interdite en France en 1971. La morphine a cependant continué à se maintenir, mais de façon marginale, comme un médicament très suspect dont les médecins se méfient et qu'ils évitent de prescrire, craignant d'enclencher des processus toxicomanogènes. D'où une longue période de désamour et de défaveur vis-à-vis des morphiniques, plus suspects d'engendrer

Les nouveaux remèdes naturels

des toxicomanies que reconnus pour leur propriété majeure : alléger la souffrance.

La médecine s'est alors orientée vers des morphiniques de synthèse du type péthidine (Dolosal®) ou dextromoramide (Palfium®), eux-mêmes classés au tableau B des pharmacies, car non dénués d'effets toxicomanogènes. L'on s'est aussi orienté vers la recherche de dérivés de substitution destinés à soigner les héroïnomanes, parmi lesquels la méthadone occupe la première place. Cette recherche visait moins le soulagement de la douleur que la lutte contre les toxicomanies : les mauvais usages des morphiniques et de l'héroïne l'avaient en effet souvent emporté sur leurs indications thérapeutiques naturelles. Les conférences internationales de Shanghaï (1909) et de La Haye (1912), limitant strictement l'usage des drogues toxicomanogènes, et les lois très contraignantes promulguées ensuite dans tous les pays avaient fini par condamner de facto le recours à ces médicaments.

Mais la morphine a néanmoins réussi à revenir en force et à s'imposer. Ce retour en grâce s'est opéré en deux étapes. Dans un premier temps, on a découvert dans le cerveau les fameuses morphines endogènes, les endorphines, qui se fixent sur les mêmes récepteurs cérébraux spécifiques que la morphine elle-même. Les pharmacologues s'étaient en effet longuement interrogés sur cette singularité : voir une substance élaborée par une plante se fixer avec précision sur des récepteurs cérébraux spécifiques auxquels, en tant que plante, elle ne semblait nullement destinée a priori. Ils en avaient déduit que le cerveau devait probablement sécréter des substances analogues auxquelles correspondaient lesdits récepteurs et que la morphine « mimait » physiologiquement. Ainsi découvrit-on les endorphines et les recherches sur la morphine sont-elles revenues à l'ordre du jour par un biais tout à fait inattendu : son action sur les récepteurs spécifiques et la concurrence qu'elle exerce vis-à-vis des substances sécrétées par le cerveau et destinées à agir sur lesdits récepteurs.

Dans une dernière étape de son histoire contemporaine, la morphine est revenue en force dans le soulagement de la douleur. La douleur, écrivit Albert Schweitzer, « est un fléau plus terrible que la mort elle-même »... De fait, une douleur intense et prolongée détruit toute qualité de vie, et jusqu'à l'envie de vivre : elle peut même conduire le malade au suicide. Toutes les fonctions naturelles sont alors perturbées : sommeil, appétit, activité, etc. La douleur fatigue, les convalescences en sont retardées, voire compromises, et, dans le cas de personnes âgées ou affaiblies, l'excès de douleur peut déboucher sur la mort.

Or, des décennies durant, les médecins laissèrent peu ou prou souffrir leurs patients, fussent-ils incurables, parce qu'ils hésitaient à leur prescrire de la morphine de crainte de les rendre dépendants. C'est pourquoi, dans de nombreux pays d'Europe, la prescription de morphine était purement et simplement interdite, comme l'est celle de l'héroïne en France. En revanche, en France, en Grande-Bretagne et aux États-Unis, la morphine restait un médicament prescriptible par les médecins, mais dont ils faisaient un usage si modéré que les objectifs thérapeutiques de soulagement de la douleur n'étaient plus atteints. Le spectre de la dépendance obnubilait la pratique médicale.

Depuis lors, d'innombrables études ont vu le jour, qui mettent en évidence le fait que les traitements de la douleur par la morphine ne provoquent pratiquement pas d'accoutumance. Alors que les toxicomanes ont besoin de doses de drogue croissantes pour obtenir l'effet psychologique escompté, les malades sont soulagés par des doses de morphine qui augmentent, certes, un peu en début de traitement, mais qui se stabilisent rapidement. Il convient donc de faire une distinction fondamentale entre les toxicomanes, d'une part, et, de l'autre, les malades qui n'ont recours à la morphine que pour ses effets analgésiques majeurs. Dans ce second cas, des progrès substantiels ont été accomplis dans les modes d'administration du médicament, qui permettent d'étaler son absorption sur des laps de temps prolongés. L'art et la technique des thérapeutiques morphiniques s'en sont trouvés profondément modifiés. Les médecins, grâce à des formations appropriées, consacrent de leur côté une attention beaucoup plus soutenue à la maîtrise de la douleur.

La morphine est aujourd'hui essentiellement préconisée pour deux types de patients : les grands opérés, pour qui l'administration de morphine sera de courte durée, et les grands brûlés ou les cancéreux incurables, qui seront traités sur de plus longues durées. Jadis, les prescriptions étaient libellées, pour ce qui concerne la posologie, par la formule : « autant que de besoin ». Dans ce cas de figure, la morphine n'était administrée (par injection intramusculaire ou sous-cutanée) que lorsque les douleurs avaient refait surface après une rémission momentanée. Ce mode d'administration crée souvent un conflit entre le malade et le médecin, ce dernier estimant que l'analgésie doit durer, dans de telles conditions, de 4 à 6 heures. Mais, lorsque les douleurs reparaissent beaucoup plus tôt, la souffrance du malade l'amène à réclamer une nouvelle dose au praticien qui, inquiet de créer une éventuelle dépendance, retarde le plus possible son intervention. Quand les six heures sont écoulées, la douleur peut se révéler si intense que la dose doit être augmentée et que les effets secondaires — prostration, nausées... — s'en trouvent accrus.

En fait, ce débat est un faux débat, puisque le problème de la dépendance ne se pose pas pour des malades incurables, notamment les cancéreux en fin de vie. Aujourd'hui, on opère donc différemment : les doses sont régulièrement administrées selon un horaire adapté à chaque cas particulier. Une nouvelle dose est administrée avant que la douleur ne réapparaisse, si bien que celle-ci peut être évitée en permanence.

Telle est, en tout cas, la méthode préconisée il y a déjà une trentaine d'années par Cicely Saunders, médecin anglais qui fonda le premier hôpital destiné aux cancéreux en phase terminale, l'hospice Saint-Christophe de Londres. Cette initiative britannique allait donner le signal d'une profonde remise en cause de l'utilisation de la morphine en thérapeutique. L'objectif de Saunders était de permettre aux malades de vivre jusqu'à la fin le plus sereinement possible, entourés de leurs parents et amis. Les résultats de ce type d'approche sont probants : 80 à 90 % des cancéreux traités de la sorte sont soulagés ; la moitié des autres le sont à leur tour quand cette méthode est combinée à d'autres traitements complémentaires. Résultats en vérité remarquables quand on sait les effets désastreux sur l'organisme qu'engendrent les effroyables douleurs cancéreuses.

Les techniques mises au point par Saunders ont été constamment améliorées : on administre aujourd'hui des gélules qui, grâce aux progrès de la pharmacotechnie, libèrent lentement la morphine dans l'organisme et permettent des prises plus espacées — par exemple toutes les douze heures avec le Skenan®. Si, malgré tout, une douleur survient durant ce laps de temps, exigeant une intervention ponctuelle, d'autres formes médicamenteuses à action courte et rapide peuvent être utilisées pour éviter la pointe douloureuse, simultanément à l'action de fond du Skenan®.

On utilise aussi beaucoup les pompes portatives à microprocesseur, qui délivrent régulièrement la morphine sous la peau. Ces pompes sont actionnées par le malade en fonction de ses besoins ; il peut ainsi maîtriser lui-même sa douleur. Les administrations par voie sous-cutanée, au moyen de pompes à morphine, court-circuitent les propensions aux nausées et vomissements, plus fréquents lors des prises par voie orale. On peut aussi avoir recours à des *patches* cutanés qui permettent une libération prolongée de morphine.

À partir de 1983, l'Organisation mondiale de la santé a déclenché une vaste campagne en faveur de ces nouveaux emplois de la morphine. Ses effets ont été spectaculaires : en moins de dix ans, la consommation totale française s'est trouvée multipliée par 9.

Mais qu'en est-il, dans ces nouvelles orientations thérapeutiques, de la dépendance et de l'accoutumance ? Une première constatation s'impose : toutes les études consacrées à ce sujet montrent que la dépendance et la tolérance menacent plus spécifiquement les personnes présentant des troubles psychologiques ou ex-toxicomanes. En revanche, Robert Twycross, de l'hôpital Churchill d'Oxford, a montré que l'accoutumance est faible chez les personnes souffrant de cancer. Il a certes observé que les patients présentaient un début d'accoutumance, les doses nécessaires augmentant au cours des douze premières semaines de traitement. Mais ces doses se stabilisent par la suite, la douleur était jugulée avant que de graves effets secondaires n'apparaissent.

Ronald Melzack rapporte des résultats analogues après avoir étudié l'accoutumance à la morphine sur des personnes ayant passé plus d'un mois dans une unité de long séjour à l'hôpital Victoria de Montréal : 95 % des malades étaient soulagés par le traitement sans qu'il ait été nécessaire d'augmenter rapidement les doses de morphine, et, lorsque augmentation de dose il y avait, celle-ci résultait d'une aggravation de la maladie, donc d'une intensification des douleurs. En revanche, les malades dont la douleur diminuait réduisaient en général spontanément leur traitement analgésique. Même son de cloche chez John Scott, du Centre Elisabeth-Bruyère d'Ottawa, qui relève peu de cas de dépendance et qui a plus spécifiquement étudié le syndrome d'abstinence dans les services de cancérologie : « Quand une personne atteinte d'un cancer n'a plus besoin de narcotique pour le traitement de ses douleurs, une réduction progressive des doses administrées prévient les syndromes de manque. Ceux-ci sont légers ou absents, même quand l'arrêt du traitement est brusque. »

Une autre étude menée à l'hôpital de New York par Samuel Perry, portant sur 10 000 brûlés ayant reçu des injections de morphine durant plusieurs semaines, voire plusieurs mois, n'a permis de dénombrer que 22 patients qui se droguèrent après leur hospitalisation ; mais tous avaient déjà des antécédents de toxicomanie.

Dans tous les cas, les médecins ont pu constater que l'usage des pompes à morphine se développait dans de bonnes conditions ; les patients, évitant d'abuser de la drogue, réduisent d'eux-mêmes les doses quand leurs douleurs diminuent. Le problème se pose dans des termes différents lorsqu'il s'agit de traiter des maladies au long cours sans qu'il soit nécessaire de prévoir une issue fatale, ce qui est de plus en plus souvent le cas des cancéreux. Dans un article très documenté auquel nous empruntons l'essentiel de ce développement, Ronald Melzack[1] cite le cas d'un jeune athlète de vingt-six ans souffrant de fortes douleurs dans le dos et les jambes par suite d'une lésion de la moelle épinière :

---

1. Ronald Melzack, in *Pour la Science* n° 150, avril 1990.

« La douleur l'empêchait de travailler, il devint une charge pour lui-même, pour sa famille, pour la société. Son médecin découvrit que de petites doses quotidiennes de morphine prises oralement — le même mode d'administration que pour les cancéreux — allégeaient sa douleur. Grâce à ce traitement, le jeune homme reprit son travail et envisagea de se marier. Un jour, le médecin fut accusé par le conseil de l'ordre de prescrire des narcotiques dans un cas qui n'était pas prévu par les conventions en vigueur, et de rendre son malade toxicomane. Craignant une radiation par le conseil de l'ordre, le médecin cessa de prescrire la drogue (dans les pays où l'administration de la morphine est autorisée par la loi, les médecins sont libres de la prescrire, mais ils sont en pratique limités par un système de contrôle). Naturellement, la douleur du jeune homme revint. Désespéré, celui-ci consulta d'autres médecins qui n'acceptèrent pas de lui prescrire de la morphine : il sombra rapidement dans la dépression... »

Voilà un cas concret qui mérite d'être médité... Certes, il n'est pas d'acte thérapeutique qui ne comporte des risques. Et il est hors de question de nier ceux qui résultent de traitements longs à la morphine ou à d'autres opioïdes. Mais le corps médical est de plus en plus sensibilisé à la nécessité de soulager la douleur, en particulier celle des enfants, naguère trop souvent négligée.

La morphine et le pavot qui la génère — car elle n'est pas produite par synthèse — retrouvent ainsi leur usage normal, qui est de soulager les grandes souffrances physiques et la fin de vie des grands malades. Aujourd'hui, ce premier médicament de la douleur, scandaleusement délaissé pendant des décennies en raison de ses effets toxicomanogènes, retrouve une place centrale dans l'exercice de la médecine.

Cette histoire de la morphine illustre la nécessité de faire un bon usage des médicaments. Ou plutôt un usage adapté de chaque type de médicament à chaque type de malade.

Il est singulier de constater que le débat sur l'euthanasie, qui refait périodiquement surface, se poursuit parallèlement à celui sur le développement des soins palliatifs dont la morphine constitue l'une des armes les plus efficaces. Dans les conditions nouvelles que nous venons d'évoquer, le recours à l'euthanasie pourrait n'être envisagé que dans des cas vraiment exceptionnels, là où toutes les stratégies de lutte contre la douleur — aujourd'hui aussi larges que variées — auraient échoué. Il est manifeste que ce débat perd aujourd'hui de son actualité au fur et à mesure que le recours aux soins palliatifs et aux stratégies antidouleur se généralise. Ainsi découvre-t-on enfin — mais avec quel retard ! — que la médecine n'est pas seulement l'art de guérir, mais aussi l'art de soulager la souffrance, voire d'alléger sans doute le passage de vie à trépas. N'était-ce pas ce que préconisaient et pratiquaient déjà les médecins de l'Antiquité qui puisaient dans un riche arsenal de drogues analgésiques et sédatives : l'opium, le cannabis, la jusquiame, le datura, la mandragore, la laitue vireuse, le nénuphar ?

Par une étrange coïncidence découlant de son nom, la morphine, qui évoque Morphée, dieu du sommeil, nous envoie un signal fort sur l'art d'apaiser les souffrances des grands malades, voire de leur ménager une mort clémente et sereine.

CHAPITRE 9

Faut-il réhabiliter le cannabis ?

Dans un ouvrage publié en 1971[1] et plusieurs fois réédité, j'avais titré le chapitre concernant le cannabis : « Controverse autour du chanvre indien ». C'était peu dire si l'on considère à quel point, au cours des trente dernières années, cette controverse s'est amplifiée et a modifié le regard porté sur cette grande drogue traditionnelle.

Le terme « drogue » est à prendre ici dans son sens premier : matière première d'origine minérale, animale ou végétale, servant à la préparation de médicaments. Or le cannabis ou chanvre indien (ou encore marijuana) a perdu ce statut pour devenir

---

1. *Drogues et plantes magiques*, Horizons de France, 1971 ; rééd. Fayard, 1983.

une drogue au sens second du terme, à savoir une substance susceptible d'engendrer une toxicomanie. D'un point de vue médical, son statut s'est donc dévalué. À l'inverse, d'un point de vue social, il fait aujourd'hui, partout dans le monde, l'objet d'innombrables controverses, tant ses effets sont diversement appréciés et commentés.

Avec des effets pourtant moins nocifs, en tout cas moins coûteux en vies humaines que l'alcool, le tabac ou les autres drogues toxicomanogènes, le cannabis reste une drogue proscrite dans la plupart des pays, à quelques exceptions près comme la Hollande et, plus récemment, la Belgique. Mais, pour ce qui le concerne, loi et pratiques sociales ne font pas bon ménage, car c'est plus une drogue tolérée qu'une drogue sévèrement prohibée, au moins pour ce qui est de son usage individuel.

Quoi qu'il en soit, le cannabis fut l'un des médicaments les plus anciens que l'on connaisse. En Chine, son utilisation médicale remonte au IIIe millénaire avant J.-C. ; il était alors utilisé comme sédatif des douleurs rhumatismales et de la goutte, et comme médicament de l'aliénation mentale. Puis le chanvre entame sa grande migration vers l'Ouest, se répand en Inde, en Perse, gagne la vallée du Nil et, par l'Égypte,

Les nouveaux remèdes naturels

atteint les auteurs de l'Antiquité grecque et romaine. Galien avait déjà noté que cette herbe a la vertu de blesser le cerveau quand on en prend trop. Puis, portée par les invasions arabes, elle gagne tout le pourtour méditerranéen où elle se substitue sur les côtes africaines à l'alcool prohibé par le Coran. Aujourd'hui, le chanvre, sauvage ou cultivé, a conquis tous les continents. Seule une partie de l'Océanie a résisté à son intrusion : il est vrai qu'on y consomme, sous le nom de *kawa*, les racines d'un poivre sauvage [1] dont les effets rappellent ceux du cannabis.

C'est au XIXe siècle que le chanvre connaît en Europe un puissant effet de mode. De Baudelaire au docteur Moreau de Tours, en passant par Théophile Gautier, les récits des voyages — mentaux, s'entend — alimentés par le chanvre se multiplient, plus attrayants et excitants les uns que les autres. Ces auteurs exercent un prosélytisme intense et la consommation du chanvre se répand dans l'establishment et les salons. Depuis lors, elle n'a cessé de gagner du terrain puisqu'on estime aujourd'hui à près de cinq millions les fumeurs réguliers de cannabis en France.

---

1. *Piper methisticum.*

La médecine s'y intéresse parallèlement. Le docteur William O'Shaughnessey, jeune professeur à la faculté de médecine de Calcutta, expérimenta la drogue sur des animaux ; il en conclut, en 1839, que l'extrait de cannabis était efficace contre les douleurs et les convulsions. Le chanvre acquiert alors sa qualité de médicament et fait son entrée en 1854 dans la pharmacopée des États-Unis comme analgésique. Mais il subit, dès la fin du XIXe siècle, la concurrence des opiacés, consécutive à l'invention de la seringue hypodermique, puis celle des barbituriques. On le considère désormais comme un médicament peu sûr et moins efficace que les drogues nouvellement utilisées, si bien qu'il est retiré de la pharmacopée officielle américaine en 1941 et de la française par décret du 27 mars 1953. Le cannabis quittant les pharmacies et tous les autres commerces, sa détention et son usage deviennent dès lors illégaux et délictuels.

Mais l'affaire n'est pas réglée pour autant ; les partisans de la remédicalisation du chanvre se font de jour en jour plus nombreux. En 1991, 80 % de la population de San Francisco se déclare ouvertement favorable à son utilisation médicale. Dès 1985, le tétrahydrocannabinol (THC), principale substance active du cannabis, est commercialisé aux États-Unis sous le dénomination de Marinol®. Celui-ci est préconisé contre les nausées et les vomissements induits par la chimiothérapie anticancéreuse, mais aussi contre l'anorexie des sujets malades du sida. Ainsi le chanvre, délaissé pendant plusieurs décennies, revient-il en médecine sur la pointe des pieds, sous la pression d'une opinion publique favorable à sa médicalisation.

La défaveur des utilisations thérapeutiques du chanvre s'explique par la difficulté de mettre au point des extraits standardisés en principes actifs. Et ce d'autant plus que la découverte de ses substances actives a été extrêmement tardive, comparée à la découverte de celles de l'opium, de la coca ou de la plupart des autres grandes drogues végétales. Il a fallu attendre 1964 pour que Raphaël Mechoulam arrête définitivement la structure chimique du delta-9-tétra-hydro-cannabinol, reconnu, parmi des centaines de composés voisins présents dans la drogue, comme principal responsable de son activité pharmacologique.

Comme dans le cas de la morphine pour laquelle on avait mis en évidence dans le cerveau des sites récepteurs spécifiques, on a entrepris des recherches de même nature portant sur le mode d'action du THC. Aurait-il lui aussi de tels récepteurs spécifiques, une « serrure » dont il serait la clé et sur laquelle il se fixerait pour produire ses effets psychotropes ?

La « pêche aux récepteurs » est aujourd'hui un exercice très en vogue en biologie moléculaire. Aux États-Unis, Lisa Matsuda découvrit un jour un récepteur orphelin dont elle ignorait quelle pouvait être la molécule correspondante. Quelle « clé » pouvait donc bien ouvrir cette serrure ? se demanda-t-elle. L'histoire veut qu'après avoir essayé sans succès une vaste série de composés, elle ait remarqué, affichée sur la porte du bureau de son collègue Miles Herkenhan, une photographie de la localisation des sites de liaison du THC dans le cerveau du rat. Or, la distribution du récepteur qu'elle avait isolé correspondait exactement aux sites de fixation du THC. Une ou deux expériences pharmacologiques suffirent à prouver que son « orphelin » était la serrure longuement recherchée : le récepteur cannabinoïde.

Mais, comme dans le cas de la morphine, se posait alors une autre question : quelle molécule naturelle élaborée dans le cerveau — et non dans le chanvre — pouvait justifier la présence d'un tel récepteur ? De telles molécules ont été trouvées pour ce qui concerne la morphine ; ce sont ses analogues naturels : les endorphines. C'est à un jeune chercheur, William Devane, que revient le mérite d'avoir isolé, en 1992, au bout de deux années d'expérience, et après avoir manipulé des centaines de cerveaux de porc, quelques milligrammes d'un composé qui s'associait de façon sélective aux récepteurs cannabinoïdes cérébraux : il s'agit d'un dérivé d'acide gras, donc d'une substance lipophile de structure assez différente du THC, mais qui se fixe sur le même récepteur. À ce cannabinoïde endogène, il donna le nom d'anandamide, du sanskrit *ananda*, « félicité ». Trois ans après cette découverte, des scientifiques japonais travaillant en collaboration avec Raphaël Mechoulam, de l'Université de Jérusalem, ont découvert une autre substance, également endogène, susceptible de se fixer sur les sites récepteurs des cannabinoïdes.

Restait à préciser le mode d'action de l'anandamide, qui n'est à ce jour que partiellement élucidé. Certains suggèrent que le système cannabinoïde endogène joue un rôle significatif dans certaines maladies mentales et pourrait dès lors être choisi comme cible pour l'élaboration de nouveaux médicaments antipsychotiques. Dès que le système récepteur-activateur fut connu, l'on s'aperçut qu'il se situait dans les mêmes régions du cerveau que celles affectées par les opiacés. Ce qui pouvait expliquer les effets antalgiques du cannabis.

En fait, les propriétés analgésiques du THC et de ses dérivés n'ont pas encore d'exploitation thérapeutique, en raison des propriétés psychotropes de ces médicaments (propriétés que l'on accepte cependant dans le cas de la morphine). Mais il est aujourd'hui possible de les éviter, car on a découvert des récepteurs cannabinoïdes à fonction analgésique dans la peau et dans d'autres tissus périphériques. Il est donc concevable d'imaginer des molécules de synthèse capables d'activer ces récepteurs extra-cérébraux de façon sélective pour soulager certaines douleurs, sans provoquer les inconvénients typiques des cannabinoïdes à action centrale.

En 1995 paraissait aux États-Unis, sous le titre *Cannabis, médecine interdite*[1], un vigoureux plaidoyer en faveur de la remédicalisation du cannabis. Les auteurs citaient en particulier les actions positives de la consommation de cette drogue contre les

---

1. Lester Grinspoon et James Bakalar, *Cannabis, médecine interdite*, Éditions du Lézard, CIRC Lyon, BP 3043, 69605 Villeurbanne Cedex, France.

vomissements rebelles dus à la chimiothérapie anticancéreuse, au traitement du sida, et, de surcroît, contre l'anorexie, fréquente chez ces malades, permettant chez eux une reprise de poids. Ils citaient en outre des effets favorables sur la sclérose en plaques et le glaucome.

Les nausées et vomissements qui suivent si souvent l'administration des médicaments de chimiothérapie anticancéreuse finissent par être redoutés par les patients au point que chaque séance devient pour certains un véritable enfer. Il advient même que, par un véritable réflexe conditionné, ils se mettent à vomir avant même de pénétrer dans la salle de traitement. De nombreux malades redoutent autant les effets secondaires de la chimiothérapie que le cancer lui-même ; dans le pire des cas, ils finissent par interrompre le traitement, non seulement pour mettre fin à leurs souffrances, mais aussi pour se donner l'impression de conserver une légère part de libre arbitre. Ils insistent alors pour arrêter leur chimiothérapie, même si une telle décision met directement en cause leur survie.

La difficulté d'acceptation de la chimiothérapie anticancéreuse devrait tout naturellement pousser au développement d'études fines et approfondies sur les effets du chanvre dans le soulagement de ces effets indésirables. Aux États-Unis, l'introduction sur le marché du THC (Marinol®) est allée dans ce sens. Mais, dans les thérapies anti-cancéreuses, la plupart des patients ayant illicitement recours au chanvre préfèrent le fumer plutôt que d'ingérer des capsules de tétrahydrocannabinol (Marinol®) qui peuvent engendrer des poussées d'anxiété. Selon des chercheurs péruviens, le cannabidiol, l'une des nombreuses substances contenues dans la fumée de chanvre, réduirait précisément cette anxiété provoquée par le delta-9-tétrahydro-cannabinol, principe actif le plus important de la résine de chanvre ; ce qui conférerait un notable avantage à la drogue fumée sur le THC ingéré par voie orale. Cette position est en tout cas défendue par la plupart des témoignages disponibles.

L'efficacité de ces pratiques se révèle en effet dans des observations cliniques comme celle-ci : au cours d'une étude portant sur 56 patients rebelles aux antiémétiques courants, on a noté que 78 % des malades n'éprouvaient plus aucun symptôme après avoir fumé du chanvre. À ce propos, le témoignage du professeur Stephen Jay Gould, éminent universitaire de Harvard, l'un des meilleurs spécialistes des problèmes de l'évolution, dont les ouvrages font autorité dans le monde entier, est tout à fait suggestif. Il est d'autant plus crédible qu'il émane d'un scientifique qui se présente lui-même comme un rationaliste de la vieille école, particulièrement réfractaire aux « fadaises romantiques qu'on entend dans le sud de la Californie sur le pouvoir de l'esprit » :

« Après avoir été opéré, j'ai subi une radiothérapie, une chimiothérapie, une nouvelle intervention chirurgicale et enfin encore une autre année de chimiothérapie. J'ai constaté que les médicaments traditionnels me permettaient de contrôler les nausées d'intensité modérée consécutives aux rayonnements. Mais lorsque j'ai entamé la chimiothérapie par voie intraveineuse (Adriamycin®), aucun, absolument aucun des antiémétiques disponibles sur le marché ne parvenait à me soulager. Je faisais peine à voir et j'en étais arrivé au point où je redoutais les traitements avec une intensité qui frisait la perversité.

« J'avais entendu dire que le chanvre était assez souvent efficace contre ces nausées. Au début, j'ai un peu hésité, parce que jamais auparavant je n'avais fumé quoi que ce soit régulièrement, et je ne savais même pas comment inhaler. En outre, j'avais essayé le chanvre à deux reprises, comme tous ceux de ma génération qui avaient grandi dans les années 60, et l'expérience m'avait paru détestable. Je suis assez puritain pour ce qui est des substances qui, de toute façon, engourdissent ou altèrent les facultés mentales, car je tiens à mon esprit rationnel avec une arrogance sans bornes. Je ne bois pas une goutte d'alcool et je n'ai jamais fait des drogues un usage récréatif, comme on dit...

« Mais j'aurais fait n'importe quoi pour éviter les nausées et le désir pervers qu'elles provoquaient chez moi de mettre fin au traitement. Le reste de mon histoire sera bref, mais c'est le meilleur morceau. Le chanvre a marché à la perfection. Je n'aimais pas trop l'effet secondaire de vague confusion mentale (le principal effet recherché par les usagers récréatifs), mais le seul bonheur d'être enfin libéré des nausées (et de ne pas avoir à les craindre entre les traitements) a été pour moi le meilleur coup de fouet moral que j'aie reçu au cours de toute mon année de traitement. Je suis certain que cette découverte a joué un rôle très important dans ma guérison, car j'ai fini par guérir. Je n'arrive vraiment pas à comprendre (je suis pourtant de ceux qui se targuent de pouvoir comprendre des tas de choses, y compris une grande partie des bêtises proférées autour d'eux) comment des personnes ayant un tant soit peu d'humanité peuvent refuser une substance aussi bénéfique à des gens qui en ont un tel besoin, tout simplement parce que d'autres en font des usages différents [1]... »

Les témoignages de cette nature sont nombreux et convergents ; tous insistent sur les bienfaits que le chanvre a produits dans des cas analogues ou par exemple dans l'évolution du glaucome ou de la sclérose en plaques, freinée par l'inhalation de fumée de cannabis.

La découverte des effets positifs du chanvre sur le glaucome — pathologie se manifestant par un excès de pression oculaire et pouvant aboutir à la cécité — a été le fruit du hasard. C'est au cours d'une expérience menée à l'Université de Californie, visant à déterminer dans quelle mesure, comme le croyait la police, le chanvre avait pour effet de dilater la pupille, que ces propriétés se sont révélées. Les sujets de l'expérience étaient des volontaires à qui l'on avait demandé de fumer du chanvre cultivé à cette fin par les autorités. Les

---

1. In *Cannabis, médecine interdite, op. cit.*

photos des patients montrèrent une très légère contraction, en aucune manière une dilatation de la pupille. En revanche, l'examen ophtalmologique mit en évidence une réduction de la sécrétion lacrymale et de la pression intra-oculaire. Durant quatre à cinq heures en moyenne après la prise, aucun effet secondaire sur l'acuité visuelle, la réfraction des champs visuels périphériques, la vision binoculaire ou la vision des couleurs ne fut observé. Les chercheurs en conclurent que le chanvre pourrait servir à traiter le glaucome selon un mécanisme d'action sans doute différent de celui des médicaments traditionnels.

De nombreux essais de traitement de la sclérose en plaques ont par ailleurs été effectués et les récits de témoins collationnés. Il semblerait que le chanvre non seulement atténue les symptômes de la maladie — contractures musculaires, tremblements, perte de coordination musculaire, incontinence urinaire, insomnies —, mais retarde aussi sa progression. On sait que la sclérose en plaques est due à une inflammation causée par une altération du système immunitaire et que les thérapeutiques actuelles recourent à l'usage des stéroïdes. Or le tétrahydrocannabinol (THC) a des effets immunodépresseurs. Partant de ce constat, un groupe d'enquêteurs a voulu évaluer la capacité immunodépressive du THC sur l'encéphalite auto-immune expérimentale, maladie qui sert de modèle à l'étude de la sclérose en plaques chez les cobayes. Exposés à la maladie et traités avec un placebo, tous les animaux ont contracté une grave encéphalite, et 98 % d'entre eux ont péri. Les animaux traités au THC n'ont eu que de légers symptômes de la maladie, voire aucun, et plus de 95 % ont survécu. Après examen, on a pu observer que le tissu cérébral des animaux ayant reçu du THC était moins inflammé.

On a aussi mis en évidence l'effet anxiolytique du cannabis et son aptitude à produire une décontraction musculaire favorisant la disparition du stress. Il aide alors à trouver le sommeil, sans les inconvénients des sédatifs et des somnifères.

Des résultats positifs ont aussi été signalés dans le traitement de l'anorexie mentale, syndrome neuropsychiatrique qui atteint un pour cent des adolescents et se caractérise par un taux de mortalité élevé. La maladie, liée à une hyperactivité des récepteurs dopaminergiques du cerveau, semble contrariée par les cannabinoïdes.

Malgré la convergence de nombreux essais positifs et de multiples témoignages, le chanvre continue néanmoins à faire antichambre devant la porte close du monde des médicaments dûment autorisés. C'est vrai dans la plupart des pays avancés, mais notamment en France où l'on fait valoir que, dans chacune de ses sphères d'activité, des médicaments plus performants existent déjà sur le marché. D'où les grandes difficultés rencontrées par les malades, s'ils sont avertis des effets bénéfiques à attendre pour eux du cannabis, pour s'en procurer en dépit de l'incertaine légalité de leur démarche. Les variations rencontrées dans la nature et la composition de la drogue sur le marché parallèle, dont les qualités ne sont évidemment reconnues par aucun organisme officiel, constituent une autre difficulté, les teneurs variant au gré des produits, comme d'ailleurs leur coût sur un marché illicite, fluctuant et incertain. De ce point de vue, les témoignages rapportés par Lester Grinspoon et James Bakalar[1] sont bouleversants : nombreux sont, comme eux, les utilisateurs de cannabis qui ont dû subir un procès, généralement conclu par un acquittement.

S'est développée aux États-Unis une controverse de grande ampleur en faveur d'une remédicalisation du cannabis. Jusqu'à

---

1. In *Cannabis, médecine interdite*, *op. cit.*

ces toutes dernières années, le gouvernement acceptait de fournir exceptionnellement, à titre « compassionnel », de la marijuana — appellation courante du cannabis outre-Atlantique — à certains malades, notamment à des sujets souffrant de glaucome. Mais, devant la pression de la demande, liée à l'épidémie de sida, ce programme a été mis en veilleuse. Les objections émanant des organismes fédéraux et du monde médical se fondent naturellement sur la toxicité supposée du cannabis utilisé en fumée, d'une part, et, d'autre part, sur l'absence de preuves scientifiques incontestables de son efficacité.

En ce qui concerne ce deuxième point, il est bien difficile, en effet, de faire état d'études cliniques et épidémiologiques sérieuses dans la mesure où la législation de la plupart des pays avancés va jusqu'à interdire toute recherche sur le cannabis.

Pour ce qui est de la toxicité de la drogue, celle-ci est directement proportionnelle aux doses utilisées. Il n'est pas douteux qu'à doses très élevées, le cannabis puisse produire des effets spectaculaires sur le psychisme[1]. Mais ces doses sont tout à fait

---

1. On se reportera à ce propos à mon ouvrage *Drogues et plantes magiques*, op. cit.

inusuelles et, devant l'opposition de l'Académie de médecine et de l'Académie des sciences à une remédicalisation du chanvre, M. Bernard Kouchner, alors secrétaire d'État à la Santé, a sollicité une commission de spécialistes pour élaborer un rapport sur la dangerosité du cannabis et sur les études qu'il conviendrait d'entreprendre au sujet de ses applications médicales.

Les résultats de ces travaux, publiés en juin 1998, sont éclairants et disculpent le cannabis, consommé à doses modérées, de la plupart des effets négatifs qu'on lui imputait. Certes, sa toxicité vis-à-vis des systèmes respiratoire et cardiovasculaire ne doit pas être négligée, car elle est du même ordre que celle du tabac dès lors qu'il est fumé et conduit donc à l'ingestion de goudrons. Il faut aussi tenir compte du fait que les cigarettes de marijuana produisent trois fois plus de goudrons que les cigarettes de tabac, et que, sur les 400 composants du cannabis, dont plus de 60 cannabinoïdes connus, certains ont sans nul doute des effets indésirables. Mais ces inconvénients sont compensés par le fait que la consommation de cannabis est en général nettement plus faible que celle du tabac, et que les risques de cancer du poumon s'en trouvent diminués d'autant. Parmi les effets négatifs sont encore dénoncés : une altération temporaire de la mémoire immédiate et récente, un défaut d'attention et parfois un état de somnolence. Autant d'effets très négatifs dans la conduite automobile, par exemple, et indésirables parmi la population scolaire, encore que l'on n'ait pas réussi à mettre statistiquement en évidence des échecs plus nombreux ou des pertes de motivation notoires chez des élèves fumant un joint de temps à autre.

La dépendance ne se manifeste que chez des consommateurs très excessifs et dans des cas exceptionnels. Sur ce plan, l'alcool et le tabac paraissent infiniment plus dangereux. On estime à environ 2 % le pourcentage de la population de fumeurs de cannabis manifestant un début de dépendance — une population de fumeurs dont 90 %, il est vrai, ne sont qu'occasionnels. Face à la modicité des risques réellement courus, on conçoit que beaucoup se prononcent en faveur d'une réévaluation des propriétés du cannabis, selon les normes en vigueur, en vue de la mise sur le marché d'un médicament. Ils insistent sur le fait que, dans des conditions de prises réglementées, sous contrôle médical, les risques d'effets secondaires seraient négligeables. Pourtant, lors du deuxième congrès national de la douleur le ministre délégué à la Santé,

Bernard Kouchner a réaffirmé son projet de conduire à bien des essais thérapeutiques de cannabis pour certaines pathologies. Les expérimentations seront menées dans trois hôpitaux parisiens (Pitié-Salpétrière, Saint-Louis et Georges-Pompidou) et dans trois hôpitaux de province (Toulouse, Marseille, Bordeaux)[1].

Au cours de ces toutes dernières années, le débat s'est amplifié dans de nombreux pays. Ainsi le gouvernement allemand a exprimé son intention d'apporter des solutions pratiques au problème du cannabis médical : le développement de formules standardisées a été annoncé pour 2001. En Grande-Bretagne, le gouvernement travailliste a adopté une position analogue, défendant l'usage médical de la drogue tout en restant ferme sur son usage « récréatif ». En décembre 1999, le Conseil de la recherche médicale britannique a entrepris des essais cliniques sur l'homme, dont les résultats orienteront les prises de positions ultérieures. Mais l'Association médicale britannique s'est d'ores et déjà prononcée très clairement en faveur d'un usage thérapeutique du cannabis. Même position aux États-Unis dans l'État de Californie qui s'est

---

1. *Le Républicain lorrain*, 22 juin 2001.

violemment opposé aux autorités fédérales sur ce dossier.

Bref, le retour en médecine de l'une des drogues les plus anciennes de l'histoire de l'humanité, qui figurait d'ailleurs jusqu'en 1953 parmi la pharmacopée française, est désormais envisagé. Récemment, des chercheurs de l'université de Madrid ont même publié des résultats surprenants obtenus avec le THC sur les gliomes, des tumeurs rares du cerveau : preuve que le cannabis, utilisé depuis les temps les plus reculés, devrait tôt ou tard retrouver son rôle et sa place en médecine.

Les témoignages rapportés dans l'ouvrage *Cannabis, médecine interdite* [1] font référence aux drames de conscience de nombreux médecins qui, constatant les effets bénéfiques de l'inhalation de la fumée de cannabis sur des pathologies comme la sclérose en plaques ou le glaucome, sont condamnés à adopter une position hypocrite, dans l'impossibilité où ils se trouvent, sous peine de poursuites, de donner leur « feu vert » à des traitements illicites — ce qui les met en porte-à-faux vis-à-vis du serment d'Hippocrate qu'ils ont prêté au moment d'exercer. Il est clair qu'une telle position ne

---

1. *Op. cit.*

peut être indéfiniment tenue et que priver des malades d'un médicament dont ils constatent l'effet bénéfique sur leur état est inacceptable. Il y a donc urgence à tester par tous les moyens de la science moderne les effets de la fumée de cannabis et des cannabinoïdes dans les indications citées.

On notera à ce propos les risques que fait courir à certains patients la suppression brutale d'un médicament auquel ils sont attachés et dont ils obtiennent un soulagement à leurs maux. L'idée de « meilleur médicament » d'une classe pharmacologique, qui entraînerait la suppression ou la désuétude de tous les autres, jugés moins bons, est évidemment une idée fausse qui ne tient pas compte des sensibilités individuelles. Or chaque malade est un cas particulier, une entité spécifique dont les réactions ne sont jamais standards. On s'interrogera aussi sur le bien-fondé des notices qui accompagnent les médicaments et qui — précautions juridiques obligent ? — s'étendent désormais indéfiniment sur leurs effets indésirables ; ce qui, pour un anxiolytique ou un antidépresseur, n'est pas de nature à stimuler les espoirs que le malade peut placer en lui... Quelques indications plus succinctes seraient sans doute plus opportunes.

Les nouveaux remèdes naturels

Le problème de la médicalisation du chanvre est de nature toute différente de celui, également controversé, de sa dépénalisation. Le plaidoyer développé ici vise spécifiquement le retour du chanvre *en médecine*, entouré de toutes les garanties susceptibles d'être apportées par la science moderne des médicaments. La dépénalisation est un autre débat que les Pays-Bas et la Belgique ont tranché en faveur d'une libéralisation. On y estime que le chanvre est une drogue « douce » et non, comme on l'a longtemps cru, la première étape d'un processus de toxicomanie aboutissant inexorablement à l'usage de drogues « dures » (l'héroïne en particulier). Toutes les études récentes tendent à montrer qu'il n'en est rien et que la dépénalisation du chanvre ne devrait pas poser de problème de santé publique majeur. Il est sans doute stupide de vouloir conserver coûte que coûte, pour le cannabis, un arsenal pénal archaïque et inapplicable. Dépénaliser, soit ; mais à condition de réglementer strictement l'usage, notamment chez les jeunes. En fait, le vrai problème est de détourner la population de *toutes* les drogues, notamment de l'alcool et du tabac, pourtant dépénalisés, qui font ensemble près de 100 000 morts par an en France.

CHAPITRE 10

Réhabiliter les plantes maudites : le tabac

Que le tabac nous soit venu d'Amérique, voilà qui ne fait pas l'ombre d'un doute. Il semble qu'il ait été importé lors du deuxième voyage de Christophe Colomb, après qu'un missionnaire espagnol, membre de l'expédition, eut été frappé de voir des Indiens porter à leur bouche une herbe qu'ils embrasaient avec un tison pour en inhaler la fumée.

Les premiers échantillons d'herbe ramenés en Europe sont baptisés *tabacco*, non pas du nom de l'île de Tobago, l'archipel des Antilles, qui ne portait évidemment pas ce nom à l'époque, mais de celui de la canne creuse dont les Indiens caraïbes se servaient pour fumer. Ceux-ci utilisaient aussi le tabac en médecine, et c'est comme

Les nouveaux remèdes naturels

remède qu'il fut d'abord introduit en Europe, en Espagne puis en France.

C'est Jean Nicot, ambassadeur de France au Portugal, qui fit connaître à Catherine de Médicis cette herbe qu'elle utilisa contre ses légendaires migraines. Elle se soignait avec de la poudre de tabac : d'où le nom de « médicée », calembour sur les vertus médicinales prêtées au produit par une Médicis... C'est le duc de Guise qui proposa le nom de *nicotiane*, en hommage à l'ambassadeur de France au Portugal, et ce malgré les réclamations du père cordelier André Thévet qui fit valoir en vain son droit de priorité, lui qui avait cultivé la plante dès 1556 en Charente. Pour se faire bien voir de la Cour, le botaniste Daléchamp reprit ce nom et fit du tabac un *Nicotiana*, dénomination que Tournefort, puis Linné confirmèrent plus tard.

L'usage du tabac se répandit assez rapidement en Europe. D'abord sous forme de tabac à priser : une coutume que le pape Urbain VIII condamna avec la dernière énergie puisqu'il menaça d'excommunication ceux qui prisaient dans les églises. Le Grand Turc Amurak IV alla plus loin encore : il fit pendre les fumeurs, le nez traversé d'une pipe et leur blague suspendue à la ceinture ; cette extrême sévérité n'empêcha cependant pas la Turquie de se

Les nouveaux remèdes naturels

convertir au tabac. Même sévérité dans l'antique Moscovie où l'on faisait couper le nez aux priseurs et les lèvres aux fumeurs... Mais aucune interdiction, aucune répression ne réussirent à endiguer la progression de cette herbe magique dont Napoléon, à la suite de Colbert, fit un monopole d'État.

Pour autant, le tabac est encore loin d'avoir livré tous ses secrets. Il est même présentement au centre d'une énigme depuis qu'on a trouvé des traces de tabac dans la momie de Ramsès II ! Comment, au deuxième millénaire avant J.-C., du tabac a-t-il pu se trouver en Égypte ? Voilà une question qui reste sans réponse.

Il existe en effet 67 espèces de *Nicotiana* d'origine américaine, sud-pacifique ou australienne. Une seule d'entre elles est africaine : *Nicotiana africana*, mais originaire du sud-ouest de l'Afrique, autrement dit, par rapport à l'Égypte, à extrémité opposée du continent. Voilà qui n'est pas de nature à résoudre l'énigme posée par ces traces de tabac dûment identifiées dans la célèbre momie !

Instruire le dossier à charge du tabac est certes une tâche aisée. Plus que le sida, plus que le paludisme, plus que n'importe quelle maladie virale ou bactérienne, le tabac tue 4 millions de personnes par an à travers le monde, dont 60 000 Français. La mortalité observée aujourd'hui est la conséquence logique d'habitudes tabagiques prises voici vingt à cinquante ans, soit au cours des années 1950 à 1980. La consommation de tabac ayant augmenté jusqu'en 1975, l'épidémie de cancers causés par le tabac va continuer au moins jusqu'aux années 2020. On s'attend notamment à une augmentation particulièrement importante de la maladie chez les femmes qui fumaient encore très peu à la fin des années 80. L'épidémie, qui ne fait à peine que commencer chez elles, risque donc de s'étendre considérablement dans les années à venir, et l'on évalue à 160 000 par an les victimes du tabagisme en France, aux alentours des années 2025, si rien n'est fait d'ici là pour endiguer le fléau. Chiffre effrayant qui appelle la mise en œuvre de mesures préventives extrêmement musclées [1]. Car le tabac n'induit pas seulement le cancer du poumon, actuellement le plus meurtrier, mais de sévères pathologies cardiovasculaires et respiratoires.

Le tabac serait donc devenu la plante maudite par excellence. Il est décidément bien loin, le temps où il était censé guérir les migraines de Catherine de Médicis !

---

1. Cf. *Le Monde*, 5 avril 1997.

Les nouveaux remèdes naturels

Face à ce déferlement, la vente libre de substituts nicotiniques (les fameux « patches ») connaît un véritable succès : ils font... un tabac ! Et attirent l'attention sur la nicotine, principale molécule présente dans la feuille de tabac, substance liquide et volatile mais qui est loin d'être la seule qu'inhale le fumeur, puisqu'on estime à 4 000 le nombre de substances inhalées identifiées dans la fumée, dont certaines ont des effets cancérogènes notoires (carbures aromatiques résultant de la combustion, notamment). Bref, le fumeur fait un usage désastreux d'une plante que les recherches actuelles pourraient pourtant bien réhabiliter dans les prochaines années...

La nicotine est en effet au centre de nombreuses recherches menées sur le fonctionnement du cerveau. Comme la morphine tirée de l'Opium, comme le THC du cannabis, elle se fixe sur des récepteurs spécifiques : les nAChR (nicotinic acetylcholine receptors). C'est en se fixant sur ces récepteurs dont il existe plusieurs sous-types que la nicotine exerce ses effets dits « antinociceptifs », c'est-à-dire antidouleur. Sur des souris mutantes dont le récepteur spécifique avait été privé d'une fraction moléculaire, l'équipe du professeur Changeux (CNRS, Institut Pasteur de Paris) a pu révéler une nette diminution des effets antinociceptifs de la nicotine. Les chercheurs ont ainsi pu démontrer que les propriétés antinociceptives de cet alcaloïde liquide ne se manifestent que lorsque deux unités (β_2 et α_4) des récepteurs spécifiques sont effectivement présentes dans ceux-ci où elles jouent un rôle crucial. Les souris modifiées, chez lesquelles l'un des éléments du récepteur nAChR, l'élément β_2 ou α_4, fait défaut, ne manifestent plus une forte affinité à la nicotine. Elles peuvent dès lors servir de modèles pour étudier certains processus dégénératifs qui se manifestent lors du vieillissement physiologique, notamment dans la redoutable maladie d'Alzheimer.

Car outre ces propriétés antinociceptives, il existe un lien entre les récepteurs nicotiniques présents dans le cerveau et les performances de celui-ci sur le plan de la mémorisation et de l'apprentissage. L'administration de nicotine à des souris normales améliore leurs performances en ce domaine. En revanche, des injections de doses égales de nicotine à des souris mutantes, chez qui le lien entre nicotine et récepteurs a été modifié, ne produisent plus aucune amélioration de leurs performances.

Aux États-Unis ont été testés des composés proches de la nicotine sur des rats qui manifestèrent aussitôt une augmentation de la mémoire. La nicotine ainsi que ces substances voisines pourraient un jour être utilisées dans le traitement de la maladie d'Alzheimer où l'on constate une baisse des récepteurs nicotiniques spécifiques dans le cerveau des patients. Chez le rat, ces substances augmentent à la fois la mémoire immédiate et la mémoire différée. Elles protègent les cellules cérébrales de la mort quand celles-ci sont exposées à des substances toxiques. D'où l'idée qu'elles pourraient aussi atténuer les ravages de la maladie d'Alzheimer, d'ailleurs moins fréquente chez les fumeurs, apparemment protégés par la consommation de nicotine...

À l'inverse de la nicotine, la scopolamine ainsi que d'autres substances issues des daturas, de nature peptidique, diminuent les performances de la mémoire ; elles interviennent notamment dans les processus de « zombification » pratiqués en Haïti par les initiés au vaudou [1]. Cette même scopolamine sert de modèle dans l'étude des altérations de la mémoire dues à la maladie d'Alzheimer.

---

1. On pourra se reporter à ce sujet à J.-M. Pelt et F. Steffan, *Les Langages secrets de la nature*, Fayard, 1996.

À ces recherches prometteuses sur la nicotine s'ajoutent des résultats thérapeutiques déjà observés dans certaines maladies nerveuses où elle révèle des propriétés calmantes. Aussi les « patches » à la nicotine ont-ils montré des effets positifs dans la thérapie des enfants atteints du syndrome de Gilles de la Tourette. Les victimes de cette maladie ont souvent un comportement violent, profèrent des obscénités et présentent des tics. Les essais menés ont consisté à administrer aux malades souffrant de ce syndrome des « patches » de nicotine en association avec de l'Halopéridol®, puissant sédatif utilisé dans le traitement des schizophrénies. L'association de la nicotine à l'Halopéridol® a permis de diminuer sensiblement les doses de ce puissant psychotrope.

Enfin, les « patches » de nicotine ont été testés par le docteur Paul Newhouse, de l'université américaine du Vermont, sur 15 parkinsoniens ; des résultats significatifs ont été obtenus. La nicotine semble atténuer les difficultés mentales des patients parkinsoniens.

Ainsi le « patch » à la nicotine, initialement utilisé pour désensibiliser les fumeurs et diminuer leur dépendance au tabac, va-t-il peut-être se transformer en véritable médicament pour traiter des maladies aussi graves que celles d'Alzheimer ou de Parkinson. D'ailleurs, comme on l'a constaté dans le cas des malades atteints d'Alzheimer, les grands fumeurs sont moins fortement sujets à la maladie de Parkinson, ou ses symptômes sont chez eux atténués.

Bien que les résultats obtenus soient encore très fragmentaires et les données cliniques partielles et insuffisantes, les nombreuses recherches actuellement engagées sur la nicotine ou sur ses homologues chimiques laissent entrevoir la réhabilitation d'un médicament issu d'une plante par ailleurs totalement dépréciée. Cet exemple tend à prouver que les « mauvaises » herbes n'existent pas. Ce qui existe, en revanche, c'est le mauvais usage qu'on en fait. Ainsi les effets désastreux du tabac, aujourd'hui et à terme, pourraient-ils un jour s'estomper si l'on se décidait à prendre des mesures draconiennes au profit des effets thérapeutiques hautement positifs de son principal alcaloïde, la nicotine, ou de dérivés de synthèse homologues. Encore faudrait-il réussir à infléchir le comportement des humains, si prompts à s'adonner à des pratiques dont ils savent pourtant à quel point elles sont dangereuses pour leur santé. Qu'il s'agisse de l'opium, du chanvre ou du tabac, toute la question est de savoir — et surtout vouloir — en faire bon usage.

Le tabac lui-même vient d'entreprendre une nouvelle carrière, très « high-tech ». Plante très manipulée sur le plan biologique et génétique en raison des innombrables études dont elle a fait l'objet, elle est devenue le parfait candidat aux implantations de gènes étrangers en vue d'élaborer des médicaments. Dans les laboratoires et les serres, le tabac postule d'ores et déjà pour devenir une plante transgénique haut de gamme. Doté du gène humain de production de l'hémoglobine, il devrait, dans un avenir proche, intervenir dans la production d'hémoglobine : une hémoglobine « sûre », non suspecte d'être extraite d'un sang contaminé. Les cultures devraient impérativement se faire en serres, c'est-à-dire en confinement, sans dissémination des gènes transplantés dans la nature. Pour le reste, la problématique reste celle du transgénisme en général, avec ses aspects éthiquement inquiétants et ô combien sulfureux !

Décidément, le tabac a du mal à virer sa cuti...

CHAPITRE 11

Le retour des animaux en thérapeutique

Si la médecine par les plantes a traversé l'histoire sans jamais connaître ni déclin ni défaveur des malades, il n'en va pas de même des procédures thérapeutiques mises en œuvre à partir des animaux. Pourtant, ceux-ci étaient très utilisés à des fins thérapeutiques dans l'Antiquité.

Déjà, le *Traité de matière médicale* de Dioscoride, chirurgien des armées de Néron, contient de nombreuses formules de médicaments issus du règne animal. Ainsi apprend-on que sept punaises enveloppées dans la peau d'une fève guérissent de la fièvre intermittente, que les cigales cuites sont fort efficaces pour traiter les infections de la vessie, ou encore que le foie rôti d'un âne constitue un remède souverain contre

Les nouveaux remèdes naturels

l'épilepsie... Et que dire de l'huile de... petits chiens, obtenue par passage pur et simple à la presse de jeunes chiots, censée être un remède miracle contre de nombreuses affections ?

Aucune de ces étranges prescriptions, entre bien d'autres, n'a résisté à l'expérience, de sorte que les substances d'origine animale ont peu à peu laissé la place aux médicaments végétaux qui ont fini par s'imposer à leurs dépens. Même si Galien, célèbre médecin du IIe siècle, utilisait déjà les sangsues pour aspirer le mauvais sang, la place des médicaments animaux dans la pharmacopée contemporaine, à quelques rares exceptions près, reste anecdotique (hors le cas des hormones, quoique souvent synthétisées à partir de végétaux comme les ignames, par exemple). Tout donne cependant à penser qu'il n'en sera pas de même dans les décennies à venir si l'on en juge par la somme impressionnante des travaux de recherche récents menés sur les animaux, les substances qu'ils élaborent et sécrètent, tels que Mark Plotkin [1] vient d'en présenter une revue très documentée (à laquelle nous nous référerons dans ce chapitre).

---

1. Mark Plotkin, *Les médicaments du futur sont dans la nature*, First éd., 2000.

Les nouveaux remèdes naturels

Il en est ainsi des venins de serpents qui font l'objet d'actives recherches. Leur composition chimique est très variée, comme le sont d'ailleurs les espèces qui les produisent. Mais ces poisons se caractérisent tous par la rapidité de leur action. Ils agissent tantôt sur le système sanguin, tantôt sur le système nerveux ou sur les deux à la fois. Plus de quatre-vingts variétés différentes de venins sont actuellement mises à la disposition des chercheurs de l'industrie pharmaceutique.

L'un d'entre eux a donné naissance à un médicament de l'hypertension très utilisé aujourd'hui. Car, au fur et à mesure que se développe une vie de plus en plus sédentaire, au bureau face à l'ordinateur, au domicile devant un écran de télévision, l'hypertension se fait plus fréquente. On estime qu'elle est responsable en France de 170 000 décès par an. Aux États-Unis où la sédentarisation et la malbouffe sont encore plus fréquentes et accusées, on évalue à 60 millions le nombre d'Américains souffrant d'hypertension, parmi lesquels beaucoup ignorent d'ailleurs qu'ils en sont atteints. En l'absence de tout traitement, ils deviennent ainsi des candidats tout désignés à l'infarctus, aux attaques cérébrales et aux graves insuffisances rénales qu'on impute à

Les nouveaux remèdes naturels

la constriction excessive des muscles lisses de la paroi des vaisseaux. Or le venin d'un serpent brésilien de près de deux mètres de long, le *jararacussu* [1], apparenté au crotale, est à l'origine d'un des principaux médicaments actuels de l'hypertension artérielle. La morsure de ce serpent produisait chez la victime d'effroyables douleurs, en même temps que sa tension artérielle s'effondrait. À partir de ce dernier symptôme, les chercheurs de l'Institut Butantan, au Brésil, découvrirent dans ce venin un composé, le téprotide, petit peptide composé de neuf acides aminés ; sa structure inspira les chimistes qui synthétisèrent sur son modèle un principe actif capable de diminuer la pression artérielle, le Captopril®. Ce remède connut un succès foudroyant. Produit par les laboratoires Bristol-Myers-Squibb, il est devenu, en 1992, le médicament numéro un vendu par ce laboratoire, pour un chiffre d'affaires annuel astronomique d'un milliard soixante-six millions de dollars ! L'absence d'effets secondaires indésirables durant le traitement explique sans doute le succès de cet excellent hypotenseur.

De leur côté, les laboratoires Merck ont fait eux aussi d'importantes découvertes

---

1. *Bothrops jararaca.*

Les nouveaux remèdes naturels

relatives aux venins. Pour le docteur Robert Gould, directeur général du département de pharmacologie de ce groupe, l'objectif était de mettre au point de nouveaux médicaments susceptibles de prévenir l'infarctus du myocarde et l'angine de poitrine. Dans l'un ou l'autre cas, il convient d'empêcher la formation de caillots et de fluidifier la circulation du sang dans les vaisseaux du muscle cardiaque. Or les plaquettes sanguines jouent, comme on sait, un rôle clé dans la chaîne des réactions aboutissant à la coagulation. Que ce processus se produise dans des artères déjà obstruées par un caillot, et l'accident souvent mortel se produit. Le docteur Gould avait noté que la morsure de nombreux serpents venimeux se traduisait par des hémorragies pouvant entraîner la mort ; il n'était pas illogique de penser que les venins de ces serpents contenaient un composé susceptible d'enrayer le processus de coagulation. Plusieurs venins furent analysés, et c'est celui d'*Echis carinatus* qui offrit la meilleure réponse à la question.

Ce serpent vit dans les régions arides d'Afrique et d'Asie où il se nourrit de lézards et de rongeurs. Sa morsure provoque de graves hémorragies, souvent mortelles, et on le considère à ce titre comme l'un des reptiles les plus dangereux. Pourtant, son venin a permis de développer un nouveau médicament. Gould y découvrit un composé susceptible d'empêcher les plaquettes de s'accoler, mais cette substance, une fois administrée, déclenchait des effets secondaires néfastes pour l'organisme. Ses confrères chimistes des laboratoires Merck prirent donc modèle sur la molécule en question pour synthétiser un composé analogue mais dépourvu d'effets indésirables. C'est cette nouvelle molécule, le tirofiban (Agrastat®), qui obtint l'autorisation de mise sur le marché : c'est aujourd'hui l'un des grands médicaments de l'angine de poitrine et qui prévient l'infarctus. D'autres anticoagulants ont obéi ensuite à la même filiation. Ainsi l'ancrod (Arvin®) : il s'agit d'un anticoagulant naturel présent dans le venin *d'Agkistrodon rhodostome*, qui dissout les caillots sanguins et prévient leur formation en fluidifiant le sang.

Des médicaments issus des venins offrent aussi une piste intéressante dans le traitement des cancers. On a en effet constaté que le venin des serpents, lorsqu'il provoque des hémorragies, intervient aussi sur des protéines situées à la surface des cellules et qui jouent un rôle dans le processus de coagulation : ce sont les protéines intégrines dont ils contrarient l'action. À partir de là, le

Les nouveaux remèdes naturels

docteur Francis Markland, de l'Université de Californie du Sud, a recherché des substances capables d'empêcher l'agrégation des cellules cancéreuses, les intégrines des cellules tumorales ressemblant à celles des plaquettes sanguines. Il a découvert dans le venin de la vipère cuivrée *(Agkistrodon concortrix)* une substance baptisée desintégrine ou contorstratine ; celle-ci empêche les cellules cancéreuses de s'intégrer au tissu sain, donc de développer les vaisseaux sanguins dont elles ont besoin pour se nourrir. Voilà une direction de recherche très différente de la chimiothérapie couramment mise en œuvre dans le traitement des cancers ; les résultats obtenus pour le moment par les tests pharmacologiques sur la souris sont très encourageants, puisque le développement des cellules de cancer du sein est réduit de 70 % et la propagation des cellules du cancer du poumon de 90 %... Reste à savoir si les essais cliniques confirmeront ces résultats.

Avec ces découvertes prometteuses effectuées sur les venins, se trouve justifiée l'association multimillénaire du serpent et de la médecine, qu'illustre le caducée. Opios, dieu de la Médecine, était vénéré à Épidaure dans un temple peuplé de serpents ; ce temple était visité par des malades venus de l'ensemble du Bassin méditerranéen, qui espéraient le réconfort ou un miracle du dieu guérisseur. Il est probable que le choix du serpent comme symbole de la médecine soit dû à la mue de l'animal, phénomène lié à l'idée de renaissance.

Mais les serpents ne sont pas les seuls animaux à sécréter des venins ; les batraciens en sont eux aussi de redoutables producteurs. Leurs tissus cutanés sécrètent notamment des substances que nos sorcières de jadis, comme les Indiens aujourd'hui, étaient censées utiliser pour préparer des mixtures toxiques. À la différence des serpents, ces animaux non agressifs sont dits « venimeux passifs ». Chez une grenouille amazonienne, *Phyllomedusa bicolor*, on a pu mettre en évidence plusieurs molécules peptidiques, les dermaseptines, qui provoquent la mort des micro-organismes, bactéries ou champignons susceptibles de la parasiter : une manière bien à elle de se défendre par des armes chimiques sophistiquées.

Toujours en Amazonie, les *Phyllobates terribilis* sont des Amphibiens extrêmement redoutables puisque, comme leur nom le laisse entendre, le venin d'un seul individu suffirait à tuer 10 personnes, ou 20 000 souris... Pourtant, il s'agit d'un animal minuscule, de la taille du bout du doigt : rien à voir avec le redoutable *cururu*, crapaud amazonien dont le poids peut atteindre plus de 3 kilos ! Depuis vingt-cinq ans, le docteur John Daly avait inlassablement traqué cette espèce au fond des jungles amazoniennes, mais il n'avait pu recueillir que des quantités infinitésimales de son venin. Difficile, dans ces conditions, d'entreprendre une étude pharmacologique sérieuse. Poursuivant ses recherches sur les Batraciens, il recueillit, en 1974, en Équateur, une grenouille rouge, blanche et orange appelée *Epipedobates tricolor*. Lorsque Daly injecta un extrait de la peau de cet animal à une souris, celle-ci arqua aussitôt la queue contre son dos, réaction tout à fait classique du traitement de la souris par les dérivés opiacés. Afin de vérifier qu'il avait trouvé dans cette espèce un équivalent des opiacés, il injecta aux rongeurs de la naloxone, antagoniste classique de la morphine. Mais l'expérience échoua et la queue de la souris maintint sa posture. Il ne s'agissait donc sans doute pas d'un équivalent des opiacés. La substance active, baptisée épibatidine, fit alors l'objet d'innombrables travaux d'où il ressortit qu'elle calmait la douleur avec une remarquable efficacité par un mécanisme radicalement différent de celui de l'opium et de la morphine. Mais sa toxicité la rendait inutilisable en thérapeutique humaine.

On modifia alors la formule pour éliminer ces effets, mais, les quantités disponibles étant extrêmement faibles, il fallut retourner dans la jungle équatoriale pour se réapprovisionner en *Epipedobates tricolor*. Consternation lorsqu'on découvrit que la population d'Amphibiens avait totalement disparu du premier site visité, la forêt ayant été entre-temps abattue et convertie en bananeraie ! Sur un second site, les chercheurs réussirent à capturer quelques individus dont ils parvinrent à extraire moins d'un milligramme de venin. Puis survint la Convention de Washington de 1984 protégeant les espèces sauvages menacées d'extinction, qui mit un terme à l'exportation de ces animaux du groupe des Dendrobates. On entreprit donc d'en faire des élevages en laboratoire, mais les animaux obtenus étaient dépourvus d'épibatidine !

Daly eut alors la sagesse de conserver dans une minuscule ampoule le peu de produit qui lui restait, espérant que les progrès de la technologie lui permettraient de reprendre plus tard ses études. Ce qui advint en 1990. Les techniques analytiques s'étaient alors spectaculairement améliorées et la structure de la molécule put être définie.

Il devint donc possible de la synthétiser et d'entreprendre sur elle des études pharmacologiques et cliniques.

La structure de l'épibatidine se rapproche de celle de la nicotine sur laquelle travaillaient les chercheurs des laboratoires pharmaceutiques Abbott en vue de trouver un traitement de la maladie d'Alzheimer. Comme il est coutume de le faire, on synthétisa alors un certain nombre d'analogues de l'épibatidine ; l'un d'eux, l'ABT-594 ou épiboxidine, manifesta une grande innocuité en même temps qu'une grande efficacité contre certains types de douleurs que les opiacés ne parvenaient pas à combattre. Actuellement, ce produit est en phase d'expérimentation clinique en vue de l'obtention d'une autorisation de mise sur le marché. S'il réussit à passer toutes les épreuves de ce véritable parcours du combattant, il fera alors partie des grands médicaments contre la douleur. Encore faudra-t-il prouver que cette molécule ne provoque pas de phénomène d'accoutumance.

Les venins sont aujourd'hui considérés comme de riches sources potentielles d'antalgiques. Les animaux, pour piéger leurs proies, leur injectent du venin pour les immobiliser, les empêcher de se débattre ou de s'enfuir, bref, pour inhiber leur système nerveux. C'est cet effet qui est recherché en thérapeutique : désactiver sélectivement certaines parties du système nerveux et bloquer, du coup, les signaux de la douleur.

Malheureusement, pour ce qui est des venins de Batraciens, grenouilles ou crapauds, le problème de l'approvisionnement, comme on l'a vu, se pose avec une particulière acuité. Ces animaux sont en effet menacés dans le monde entier, en particulier par la destruction de nombreuses zones humides, mais aussi en raison d'une fragilité qui interpelle les spécialistes, car ceux-ci n'en perçoivent pas vraiment la cause. Depuis peu, 14 espèces ont disparu en Australie, 5 sont en voie d'extinction aux États-Unis, et, en France même, 7 espèces sont devenues très rares.

Pour quitter le monde des Vertébrés, voici les sangsues dont les pharmaciens, il y a quelques années encore, tenaient quelques exemplaires en réserve dans leurs officines : ils perpétuaient ainsi la vieille tradition des chirurgiens-barbiers du Moyen Âge qui, outre la coupe des cheveux et de la barbe, avaient pour rôle de pratiquer l'application des sangsues, forme la moins douloureuse de la classique saignée d'antan.

Les sangsues font partie intégrante de l'histoire de la médecine. Sur la tombe du scribe égyptien Ousertat, vieille de plus de trois millénaires, est figurée la représentation d'un médecin appliquant des sangsues à un malade. Et un texte indien remontant à plus de 2 000 ans décrit pas moins de douze espèces de sangsues avec une précision telle qu'elles ont pu être identifiées. En fait, les sangsues ne comprennent pas moins de 650 espèces différentes, dont certaines s'illustrèrent tragiquement lors de l'expédition en Égypte de l'armée napoléonienne : dans leur traversée du désert, les soldats burent de l'eau croupie contenant précisément de très petites sangsues qui se collaient aux tissus de la bouche et de la gorge, y pompaient du sang et gonflaient ainsi au point d'obstruer le larynx et l'œsophage. Beaucoup d'hommes moururent asphyxiés.

On avait remarqué de longue date qu'une morsure de sangsue cicatrisait difficilement et que le sang pouvait s'en écouler des heures durant. D'où l'hypothèse qu'elles possèdaient une ou des substances inhibant la coagulation sanguine. En 1884, le professeur Haycraft, de la faculté de médecine du pays de Galles, mit en évidence l'anticoagulant responsable, qu'il baptisa hirudine, du nom latin de la sangsue d'Europe : *Hirudo medicinalis*. Mais l'hirudine n'a été réellement isolé à l'état purifié que soixante-dix ans plus tard.

Dans la chaîne complexe des événements produisant la coagulation sanguine, l'hirudine intervient à la fin : elle empêche la transformation du fibrinogène en fibrine, et par conséquent la formation de caillots. L'hirudine s'est révélée en définitive plus efficace que l'héparine dans la prévention de certaines phlébites.

Le professeur Haycraft avait achoppé en son temps sur un problème déjà maintes fois rencontré : l'approvisionnement en sangsues sauvages. En 1984, cent ans après la découverte de l'hirudine, la société Biopharm a entrepris l'élevage de sangsues. Bien mieux : elle a bénéficié des toutes dernières avancées en matière de biotechnologie en réalisant l'implantation d'ADN de sangsue dans des bactéries qui se sont mises alors à reproduire l'hirudine. C'est ainsi qu'a été créée la lépirudine (Réfludan®), version biosynthétique du médicament, lequel a reçu, en mars 1998, son autorisation de mise sur le marché aux États-Unis. Ce nouveau médicament est exempt de certains effets indésirables de l'héparine.

Mais les sangsues ont encore d'autres propriétés. Comme leur morsure est absolument indolore, il n'est pas illogique de penser qu'elles contiennent une substance anesthésique qui leur confère l'avantage de pouvoir se nourrir discrètement, sans provoquer la moindre souffrance chez l'hôte qui les abrite. D'autre part, les sangsues possèdent des substances qui provoquent une forte vasodilatation des vaisseaux sanguins de leur hôte au niveau de la morsure : manière bien à elles d'augmenter l'afflux du sang qu'elles vont consommer. Par ailleurs, leur salive renferme un antibiotique, ce qui a pour avantage d'éviter les complications septiques au niveau de la plaie. Bref, elles offrent un panel de propriétés pharmacologiques d'une grande richesse.

Il est apparu plus tard que toutes les sangsues n'agissent pas selon les mêmes processus physiologiques ni aux mêmes niveaux de la cascade de réactions conduisant à la coagulation du sang. Tel est le cas, par exemple, de la gigantesque sangsue d'Amazonie que le docteur Roy Sawyer a entrepris d'élever dans sa société, Biopharm. Cette sangsue contient un composé anticoagulant, l'hémentine, qui, à l'inverse de l'hirudine qui fluidifie le sang, empêchant la formation de caillot, les dissout après leur apparition. Elle dissout particulièrement les caillots riches en plaquettes, relativement insensibles aux autres médicaments. Voilà un nouveau composé qui serait le bienvenu dans le traitement des maladies cardiovasculaires, de l'arthrite ou du glaucome.

À partir de diverses espèces de sangsues, on a réussi à obtenir plusieurs sortes d'anticoagulants : l'égline, l'antistatine, l'ornatine ; bref, une collection impressionnante de composés différents que ces vers ont élaborés au cours de leur évolution et qui tous, par des moyens différents, inhibent la coagulation sanguine. Ainsi est-on parvenu à isoler pas moins de 50 composés présentant des vertus thérapeutiques diverses, et ce à partir de deux espèces seulement : la sangsue d'Europe et la sangsue géante d'Amazonie. Une dizaine de brevets ont été déposés.

On utilise également les sangsues lors de la réimplantation d'organes sectionnés, car elles aspirent l'excès de sang et empêchent alors la formation de caillots. Cette méthode s'est aujourd'hui généralisée pour la réimplantation de doigts, par exemple.

Parallèlement à ce retour en force des sangsues, comment ne pas évoquer, pour l'anecdote, l'utilisation médicale des asticots, entrés en thérapeutique pour le traitement des affections osseuses et des lésions profondes ? Dans la médecine traditionnelle des aborigènes d'Australie, des tribus montagnardes de Birmanie, des guérisseurs mayas, on utilisait les asticots pour nettoyer les plaies. Le baron Larrey, chirurgien-chef des armées de Napoléon, constata pour sa part que les soldats blessés guérissaient plus vite lorsque leurs plaies en étaient envahies. Des observations similaires furent faites durant la guerre de Sécession, puis durant la Première Guerre mondiale. Les asticots interviennent par plusieurs processus simultanés : ils se régalent, semble-t-il, des bactéries pathogènes et éliminent de la sorte les risques d'infection ; dans le même temps, ils sécrètent divers composés, tels l'ammoniac ou l'allantoïde, qui exercent un effet antiseptique ; enfin, par leurs mouvements constants et désordonnés, ils pratiquent une sorte de massage au niveau de la plaie, favorisant le développement de tissus sains. La cicatrisation s'effectue alors sans recours aux anesthésiques ou aux antibiotiques. Si l'asticot meurt dans la plaie au cours du traitement, il se fait immédiatement dévorer par ses congénères. Puis les asticots finissent par se métamorphoser en mouches, et s'envolent. Aussi le chirurgien-entomologiste de la faculté de médecine de l'Université de Californie, le docteur Sherman, préconise-t-il encore cet étrange recours aux asticots pour le nettoyage des plaies infectées ou gangrenées...

Last but not least, voici des hyménoptères d'un beau bleu métallisé, les cantharides, de leur vrai nom *Lytta vesicatoria*, encore baptisées mouches d'Espagne. Celles-ci ont toujours été considérées comme un puissant aphrodisiaque. Lorsque la femelle rencontre un mâle, elle vérifie la présence, dans une glande située sur sa tête, d'une substance extrêmement active, la cantharidine. L'accouplement n'a lieu que si la glande en question contient effectivement cette substance que la femelle ne peut sécréter. Durant la parade nuptiale, le mâle lui offre de la cantharidine pour protéger ses œufs. Cette cantharidine est en effet une substance très toxique qui éloigne les prédateurs.

La mouche d'Espagne, déjà connue à l'époque de Pline, a défrayé la chronique des aphrodisiaques durant toute l'histoire de la médecine. Elle est très toxique, et le marquis de Sade fut accusé, en 1772, d'avoir empoisonné des prostituées avec des chocolats à la mouche d'Espagne... De son côté, Oscar Wilde fut considéré comme un fervent amateur de cette drogue. Un siècle plus tard, le docteur Heisner est parvenu à élucider le cas mystérieux de militaires français qui, lors de leur séjour en Afrique du Nord, avaient souffert d'érections douloureuses et prolongées après avoir consommé des grenouilles locales ; il nourrit pendant plusieurs jours ces Batraciens avec des mouches d'Espagne afin d'étudier leur réaction. Il découvrit que la quantité de cantharidine stockée dans les muscles de leurs cuisses était suffisante pour provoquer des effets similaires à ceux du Viagra® chez les infortunés soldats français.

La cantharidine est un poison extrêmement violent dont la dose létale se situe à 10 mg seulement. Elle servait autrefois à soigner la calvitie, propriété que la médecine moderne n'a pas confirmée...

Ainsi le monde animal, négligé jusqu'au milieu du XXe siècle, retrouve aujourd'hui ses droits à être considéré comme un élément essentiel en matière médicale. Des venins et des sangsues provient une foule de médicaments destinés à la régulation de la coagulation sanguine et qui joueront sans doute un rôle déterminant dans le traitement des maladies cardiovasculaires. Quant aux antalgiques comme l'épibatidine, on peut espérer qu'ils élargiront le spectre de la médication antidouleur en venant relayer dans des cas précis les effets de la morphine.

Les nouveaux remèdes naturels

Mais la recherche de médicaments anti-algiques a aussi connu des résultats spectaculaires grâce à l'étude des cônes, animaux marins qui nous amènent tout naturellement à nous interroger sur les médicaments issus de la mer, auxquels on porte aujourd'hui un intérêt croissant.

CHAPITRE 12

Antalgiques et anticancéreux issus de la mer

Au cours de ces trente dernières années, les congrès et colloques consacrés aux substances naturelles d'origine marine à finalité thérapeutique se sont multipliés à travers le monde. C'est que les océans représentent aujourd'hui un espoir considérable pour la découverte de nouveaux médicaments. Mers et océans couvrent 71 % de la surface de la planète et les espèces marines, plus nombreuses que les terrestres, sont encore loin d'être toutes connues. C'est dans la mer que la vie a pris naissance, qu'elle s'est développée et diversifiée depuis trois milliards et demi d'années ; elle a conquis la terre ferme il y a moins d'un demi-milliard d'années seulement. Au cours de sa très longue évolution exclusivement marine, elle a élaboré une multitude de formes et de structures dont la plupart n'ont jamais gagné les continents. Il en résulte que si bon nombre d'animaux, de plantes terrestres, voire de bactéries ont des cousins ou des ancêtres aquatiques, l'inverse n'est pas vrai. Les êtres marins sans aucun homologue sur la terre ferme sont innombrables.

La totalité des espèces marines représente donc un formidable gisement potentiel de nouveaux médicaments ; son exploration a commencé il y a quelques décennies seulement. On a vu alors les universités, les centres de recherche et les grands laboratoires pharmaceutiques s'intéresser à la biologie marine.

Le milieu marin rassemblerait les quatre cinquièmes de tous les organismes animaux existants. Comme le pense le professeur Verbist, de la faculté de pharmacie de Nantes : « Ils sont d'autant plus riches en substances actives qu'ils sont plus vulnérables. Fixés, ils ne peuvent, comme les plantes, fuir, et s'ils n'ont pas de coquille pour se protéger, ils élaborent alors des armes chimiques pour décourager parasites et prédateurs. »

En fait, dès les années 70, la mer a donné quelques médicaments dont l'efficacité ne s'est jamais démentie, notamment un antiviral actif contre l'herpès et le zona, la Vidarabine®, un antileucémique encore très utilisé aujourd'hui, la Cytarabine®, et surtout un antibiotique, la céphalosporine C, qui engendra par la suite l'ensemble de la vaste famille des céphalosporines.

La découverte de cet antibiotique marin remonte en fait à l'après-guerre, alors que sévissait en Sardaigne une épidémie de typhoïde, maladie que la pénicilline, découverte quelques années plus tôt, ne permettait pas d'enrayer. C'est alors qu'à l'université de Cagliari, le docteur Giuseppe Brotzu eut l'idée d'explorer des milieux riches en bacilles typhiques, dans l'espoir d'y trouver des micro-organismes capables de s'en nourrir ou de cohabiter avec lui. Les bacilles typhiques se développant dans l'eau polluée, notamment par les matières fécales, le docteur Brotzu préleva des échantillons là où les eaux usées se jettent dans la mer. C'est ainsi qu'il découvrit une moisissure aquatique [1] qui sécrétait une substance antibiotique active sur le bacille typhique : la céphalosporine C. Elle avait un spectre d'activité différent et complémentaire de celui de la pénicilline, en sorte qu'elle

---

1. *Cephalosporium acremonium.*

s'imposait dans des maladies résistant précisément à cet antibiotique, comme la typhoïde. La céphalosporine C ainsi qu'une trentaine de ses dérivés sont toujours très utilisés, en particulier dans les hôpitaux.

Nombreuses sont aujourd'hui les substances d'origine marine en cours d'essais pharmacologiques ou cliniques. On évalue à près de six mille les substances ainsi isolées, et, pour beaucoup d'entre elles, testées pour leurs activités thérapeutiques. Six d'entre elles présentent des propriétés anticancéreuses marquées. Ces substances sont pour la plupart inédites de par leur structure, sans homologues et sans rapport avec celles déjà isolées d'organismes terrestres. Elles ouvrent une page entièrement nouvelle de la chimie et de la pharmacologie. Mais, dès lors que cette orientation de recherche prometteuse s'offre à notre ingéniosité et à notre perspicacité, d'innombrables problèmes surgissent d'emblée, tout à fait spécifiques du milieu marin.

C'est ainsi, par exemple, que les grands fonds marins restent encore largement inexplorés. Le calmar géant, vivant en profondeur et dépassant 20 mètres de long, est le plus gigantesque des Mollusques ; son poids peut atteindre 500 kilos. Or, à ce jour, aucun spécimen vivant de cet être fabuleux n'a pu être capturé ni étudié. Un autre problème est le repérage, la localisation, le prélèvement d'échantillons biologiques d'origine marine, puis leur réapprovisionnement. Car les espèces se répartissent ici dans un milieu à trois dimensions et n'apparaissent pas en surface ; d'où des problèmes de récolte infiniment plus difficiles que pour les espèces terrestres. De surcroît, la concentration des substances actives dans les organismes producteurs est généralement très faible. Pour obtenir 30 milligrammes de dolastine — un anticancéreux très prometteur —, il faut 1 000 kilos de lièvre de mer de l'océan Indien. En outre, bon nombre d'Invertébrés marins abritent des micro-organismes symbiotiques ou parasites, si bien que les molécules mises en évidence en leur sein peuvent en réalité fort bien venir d'ailleurs ; il convient de connaître parfaitement l'écologie de ces espèces si l'on veut éviter les fausses pistes. À quoi s'ajoute encore le fait que les molécules marines, en général entièrement nouvelles, posent d'innombrables problèmes aux chimistes : leur synthèse se révèle délicate et coûteuse, quand elle n'est pas tout bonnement impossible. Il faut alors se résoudre à extraire ces substances des organismes qui les produisent, ce qui implique leur élevage en aquaculture marine, opération infiniment plus complexe que la simple mise en culture d'une plante terrestre. Enfin, bon nombre de molécules actives sur les tests *in vitro* se révèlent très toxiques dès qu'on les expérimente *in vivo* ; quand elles agissent en milieu aquatique, elles subissent en effet, pour accomplir leur mission originelle d'attaque, de défense ou de communication avec d'autres organismes, une très forte dilution ; mais dès que leur concentration augmente, leur toxicité peut se révéler redoutable. Sans compter que la composition chimique des organismes marins est souvent très inconstante...

L'absence de pistes ethnopharmacologiques est un autre handicap spécifique à la recherche en biologie marine. Point ici de chaman, de sorcier, de tradipraticien ou de guérisseur qui puisse attirer l'attention sur telle ou telle espèce utilisée *par* ses soins et *pour* ses soins... La mer cache ses secrets, et il est hors de question de partir ici d'une piste ethnopharmacologique pour tenter de la vérifier et d'obtenir par là un nouveau médicament.

Bref, le chercheur en biologie et pharmacologie marines est confronté à toute une série de lourds handicaps qui expliquent le retard de notre connaissance des organismes marins par rapport à celles des espèces terrestres.

Malgré toutes ces difficultés, de grands laboratoires pharmaceutiques se sont dotés de départements de biologie marine ; des sociétés plus modestes ont même vu le jour, comme Pharma Mar en Espagne, spécialisée dans la recherche de nouvelles substances actives d'origine océanique. Quelques dizaines de molécules, d'ores et déjà très prometteuses, pourraient déboucher sur la mise sur le marché de nouveaux médicaments dans les prochaines années.

En matière de biologie marine, il arrive aussi que le hasard fasse bien les choses. Profitant de l'été austral, le docteur Fénical prit un jour le risque d'affronter les requins, dans les eaux du littoral nord-ouest de l'Australie, pour rechercher d'éventuelles espèces marines encore inconnues. Il ne fut pas déçu... Il découvrit, fixés sur des rochers, d'étranges coraux qu'il n'avait encore jamais rencontrés nulle part. Jaunes ou rouge vif, ils avaient la longueur d'un doigt. Comme aucune autre espèce ne semblait vivre à leurs dépens, puisqu'ils formaient des populations pures, le docteur Fénical en déduisit qu'ils devaient renfermer des substances chimiques défensives très efficaces. Il entreprit donc de les récolter et de les envoyer à son laboratoire de San Diego, en Californie.

L'intuition du docteur Fénical se confirma lorsqu'un de ses collègues de l'université de Heidelberg découvrit dans ces coraux une substance extrêmement active *in vitro* contre les tumeurs cancéreuses. Le scientifique américain, qui avait obtenu l'autorisation d'explorer les littoraux australiens, dut entreprendre de longues démarches pour obtenir, dans la foulée, l'autorisation d'explorer plus avant, sur les plans chimique et pharmacologique, la nouvelle substance issue de ces coraux. Le produit fut alors synthétisé sous le nom d'éleutherobine, du nom de plusieurs espèces de coraux dénommées *Eleutherobia*.

À la manière du taxol isolé des feuilles de l'if, l'éleutherobine est active sur les cancers du sein et de l'ovaire. Malheureusement, sa synthèse extrêmement laborieuse et son coût prohibitif vont retarder l'expérimentation clinique de ce produit que les coraux synthétisent plus facilement que nos meilleurs chimistes !

Des organismes beaucoup plus simples — les algues bleues — les premiers êtres vivants à être apparus, il y a plus de trois milliards d'années, dans les océans —, offrent également des perspectives prometteuses dans la lutte contre le cancer. Ces êtres

Les nouveaux remèdes naturels

on ne peut plus primitifs synthétisent des toxines très efficaces. Parmi celles-ci, les cryptophycines ont manifesté des propriétés anticancéreuses et antivirales, et ont été testées dans le traitement du sida. Elles sont efficaces contre les tumeurs récurrentes et résistantes à la plupart des traitements employés pour les détruire, mais on se heurte aux mêmes difficultés que dans le cas de l'éleutherobine pour passer des essais pharmacologiques et cliniques aux médicaments. Les laboratoires Ely-Lilly ont élaboré de nombreuses variantes de la molécule d'origine, actuellement en cours de tests et sur lesquelles les chercheurs fondent de grands espoirs. Des scientifiques de l'université de Hawaï ont obtenu de leur côté des résultats encourageants dans le traitement de cancers du sein et de la prostate implantés à des souris.

Plusieurs autres substances marines possèdent des propriétés antitumorales comme, par exemple, la dolastatine 10, extraite de l'étrange lièvre de mer, parent éloigné de la pieuvre.

Les bryozoaires, ces minuscules animaux marins ressemblant à des mousses, fournissent la bryostatine, un médicament des lymphomes, mélanomes et néphroblastomes, trois des cancers les plus redoutables ; cette molécule stimule le système immunitaire, notamment l'activité d'une protéine responsable de la régulation du développement des cellules cancéreuses ; elle est actuellement en phase 2 des essais cliniques en vue d'obtenir son autorisation de mise sur le marché aux États-Unis et en Europe. Parmi les substances anticancéreuses d'origine marine en cours d'étude, celle-ci est sans doute la plus performante et la plus prometteuse. Il est probable qu'elle sera commercialisée dans des délais relativement brefs, d'autant plus qu'une production expérimentale par aquaculture a pu être réalisée à San Diego, en Californie (fort heureusement, d'ailleurs, car la synthèse de ce produit ne peut encore être mise en œuvre sur le plan industriel).

Mais il est un autre domaine où les produits issus de la mer semblent également performants : la lutte contre la douleur où l'on recherche sans cesse de nouvelles molécules actives, si possible plus actives que les morphiniques, le but étant d'élargir au maximum la panoplie thérapeutique des antalgiques majeurs. Les travaux menés sur les cônes des récifs coralliens, sortes de gastéropodes aquatiques appartenant au groupe des escargots, sont à cet égard très prometteurs.

Ces petits animaux possèdent une « langue », ou plutôt une trompe rétractile formant un tube plus long que leur corps ; à son extrémité est fixée une dent remplie d'un poison mortel. L'animal projette cette sorte de langue en avant, comme un harpon. Bref, les cônes ont inventé bien avant nous la seringue hypodermique grâce à laquelle ils déversent leur poison et paralysent leur proie en quelques secondes avant de la digérer. Enfermés dans leur coquille fuselée et bigarrée, décorée de splendides motifs géométriques et longue de 10 à 13 centimètres, les cônes font la joie des collectionneurs de coquillages qui les échangent ou les vendent souvent à des prix exorbitants. Aussi a-t-on du mal à imaginer la virulence du poison sécrété par ces magnifiques créatures.

C'est au professeur philippin Olivera que revient le mérite d'avoir mis en évidence les effets du venin des cônes, redoutable cocktail de toxines agissant sur le système nerveux de leurs proies et les paralysant dans l'instant. On recense même quelques dizaines d'empoisonnements humains, dont certains mortels.

Ces « conotoxines » contiennent de nombreuses substances ayant chacune leur activité propre. L'une d'elles s'est révélée à même de court-circuiter la communication

Les nouveaux remèdes naturels

entre cellules nerveuses, d'où l'idée d'en faire un analgésique baptisé Ziconotide®. Ce composé, synthétisé en 1993, se fixe sur la partie de la moelle épinière que traversent les cellules nerveuses pour transmettre les signaux de douleur au cerveau. Le Ziconotide® a révélé des propriétés analgésiques très supérieures à celles de la morphine ; il agit sur les douleurs des malades chez qui les opiacés ne font plus d'effets. Il ne déclenche aucune accoutumance ni n'entraîne aucune dépendance. Il est actuellement candidat à l'autorisation de mise sur le marché, procédure longue qui se déroule en trois étapes : la première phase vise à démontrer que le médicament est sûr en l'administrant à faibles doses à des volontaires sains ; au cours de la deuxième, qui peut durer jusqu'à deux ans, on cherche à débusquer le moindre effet toxique, puis on évalue l'efficacité du produit sur les patients souffrant de la maladie concernée ; dans la troisième phase, efficacité thérapeutique et sécurité sont expérimentées durant deux à quatre ans sur un grand nombre de malades. Quand un médicament a franchi ce stade, le laboratoire peut solliciter son autorisation de mise sur le marché. Le Ziconotide® se trouve actuellement en phase 3.

Les nouveaux remèdes naturels

Les eaux australiennes, qui abritent une centaine d'espèces de cônes, sont une véritable mine d'or pour les pharmacologues. Ceux de l'université de Brisbane tentent actuellement de modifier les toxines de ces coquillages pour améliorer leur spécificité d'action et diminuer leur toxicité. Malheureusement, les cônes vivent dans les récifs coralliens ; or, ces écosystèmes sont aujourd'hui menacés, notamment par le réchauffement des eaux consécutif à l'« effet de serre ». L'extraordinaire source de médicaments potentiels qu'ils représentent se trouve donc compromise avant même que leur exploitation pharmacologique ait pu être menée à terme. En fait, celle-ci ne fait que débuter !

Les éponges apportent elles aussi une contribution positive à la pharmacologie. L'une d'entre elles, issue de la barrière corallienne de Nouvelle-Zélande, sécrète un composé anticancéreux prometteur, l'halichondrine B. Une espèce australienne manifeste des propriétés antipaludiques et s'attaque aux souches les plus résistantes du *Plasmodium*, responsable de cette maladie. Une autre encore sécrète des agents anti-inflammatoires testés dans le traitement de l'arthrite. Une éponge de la mer des Antilles produit les discodermolides, douées de très puissantes propriétés immunodépressives, encore plus marquées que celles de la ciclosporine ; elles pourraient être utilisées pour prévenir les rejets de greffes. Ces substances manifestent aussi une forte activité anticancéreuse pour le traitement des atteintes du sein, des poumons, voire des leucémies. Des essais sont en cours en vue de les introduire dans l'arsenal thérapeutique des cancers.

Mais les étonnantes potentialités pharmacologiques des éponges ne s'arrêtent pas là. Depuis 1969, un médicament de la leucémie, la Cytarabine®, continue d'être utilisé dans le traitement de cette maladie ; il dérive d'une éponge [1] des lagons de Floride, étudiée dès 1955 par le professeur Bergman. Poursuivant son étude, des chimistes français ont constaté qu'elle possédait également des propriétés antivirales. Allait en découler un médicament utilisé contre deux maladies virales fort répandues, l'herpès et le zona : la Vidarabine®.

Ainsi, face à ces maladies souvent redoutables, le combat thérapeutique continue et de nombreuses substances d'origine marine sont en cours d'étude ou d'essais pharmacologiques et cliniques. L'idée, si répandue

---

1. *Thetya crypta.*

Les nouveaux remèdes naturels

jusqu'à ces dernières décennies, selon laquelle seules les plantes étaient à même de fournir des médicaments nouveaux est aujourd'hui bien dépassée. Comme on l'a vu, les animaux et la mer offrent des possibilités inédites, puisque sans limite. Encore conviendrait-il de pousser plus avant l'étude de leur écologie.

Sur terre comme en mer, plantes et animaux émettent en effet un extraordinaire panel de molécules actives destinées à l'attaque ou à la défense, mais aussi à la transmission de signaux chimiques entre eux. Marcher en été dans une prairie alpine, riche de multiples espèces animales et végétales, c'est sectionner, par le mouvement ambulatoire, d'innombrables faisceaux de molécules volatiles transportées par le vent, qui forment d'une espèce à l'autre le langage chimique de la nature. Un langage dont nous ne faisons qu'entrevoir la richesse et les secrets [1]. Le phénomène est identique dans la mer, sauf que le fluide porteur, qui n'est plus l'air mais l'eau, permet le transport de

---

1. Cf. J.-M. Pelt et F. Steffan, *Les Langages secrets de la nature*, op. cit. L'écologie marine — comme d'ailleurs l'écologie tout court — n'en est encore qu'à ses premiers balbutiements. On reste médusé en comparant les sommes astronomiques engagées dans la génétique et la relative modicité des budgets de recherche consacrés à la biologie marine ou terrestre.

molécules plus lourdes et complexes que plantes et animaux marins élaborent depuis des milliards d'années. Il faut en effet imaginer l'eau de mer comme une soupe, un bouillon parcouru par des flux de substances diverses entraînées par les courants et adressant leurs messages aux sites récepteurs des organismes auxquels elles sont destinées. Quand on sait que la vie a pris naissance dans la mer il y a trois milliards et demi d'années, on imagine, sur une telle longueur de temps, les performances auxquelles l'évolution est parvenue pour élaborer la riche diversité des molécules du milieu marin. Une diversité probablement plus grande que celle des terres émergées et qui nous vient de la nuit des temps géologiques, mais aussi, souvent, de la nuit tout court puisque l'obscurité règne pratiquement, passé cent mètres de profondeur. Beaucoup d'organismes marins vivent ainsi dans une absence totale de lumière : d'où d'autres processus chimiques, d'autres synthèses.

Quand on sait l'imagination dont l'évolution a fait preuve pour déployer ses structures en milieu marin — structures dont un petit nombre seulement ont été sélectionnées dans un second temps pour conquérir les continents et y vivre —, on n'a aucune peine à en déduire qu'il en alla de même pour les structures chimiques. Et l'on ne peut que conclure avec Pierre Potier, directeur de l'Institut de chimie des substances naturelles du CNRS à Gif-sur-Yvette : « La corne d'abondance est encore pleine, et plusieurs générations de chercheurs continueront à pouvoir avoir recours aux molécules que la nature a élaborées et que nous recopions par synthèse, en les modifiant parfois, pour en faire de nouveaux médicaments. »

Reste à savoir combien de molécules répondent aux critères exigés du parfait candidat au statut de médicament, que Pierre Potier résume ainsi :

« Être spécifique d'une pathologie bien identifiée, posséder une structure chimique inédite et donc brevetable [1], fonder son activité thérapeutique sur un mécanisme biologique original. Si, par miracle, ce petit concentré de chimie est facile à synthétiser et ne provoque pas d'effets secondaires, sa carrière dans les officines et au chevet des malades est assurée. »

Finalement, le résultat de la sélection, constate Pierre Potier, « tient dans un

---

1. Ce qui favorise, notons-le, les analogues structuraux par rapport aux molécules-mères ayant servi de modèles pour les synthétiser.

mouchoir de poche, voire sur un confetti ; généralement, un seul composé sur dix mille testés retient l'attention des chercheurs ». Candidat reçu, il a décroché son statut de médicament...

CHAPITRE 13

Et l'homéopathie ?

L'homéopathie utilise presque exclusivement des médicaments d'origine naturelle. Elle trouve donc sa place dans cet ouvrage, d'autant plus que son évolution récente tend à mieux corroborer ses bases scientifiques.

En 1835, statuant sur l'homéopathie qui venait tout juste de naître, l'Académie nationale de médecine avait déclaré que « la raison et l'expérience sont réunies pour repousser de toutes les forces de l'intelligence pareil système... » Elle demanda donc au ministre Guizot que cette nouvelle doctrine fût purement et simplement condamnée, et sa pratique interdite. Mais Guizot répondit aux académiciens :

« Hahnemann est un savant de grand mérite. La science doit être pour tous. Si l'homéopathie est une chimère ou un système sans valeur propre, elle tombera d'elle-même. Si elle est au contraire un progrès, elle se répandra malgré toutes nos mesures de préservation, et l'Académie doit le souhaiter avant toute autre, elle qui a la mission de faire avancer la science et d'encourager les découvertes. »

Ainsi l'homéopathie s'instaura-t-elle dans un climat de controverses et de polémiques.

À l'heure où ces propos furent tenus, Samuel Hahnemann, père de l'homéopathie, terme qu'il avait lui-même proposé, résidait à Paris ; il avait quatre-vingts ans. Dans sa jeunesse, il avait déploré que les facultés de médecine qu'il avait fréquentées, celle de Leipzig en particulier, ne comprissent que des chaires d'enseignement théorique : ni exercices pratiques, ni contacts avec les malades. Très tôt, en effet, Hahnemann s'était heurté aux pratiques médicales de son époque, totalement sclérosées et qui ne faisaient que répéter à satiété l'héritage supposé des Anciens : « ... des saignées, des remèdes pour la fièvre, des bains tièdes, des boissons menaçantes, de la diète affaiblissante, du nettoyage du sang, et les éternels apéritifs et clystères forment le cercle dans lequel le médecin allemand se répète continuellement… », écrivait-il en 1790. Il ajoutait trois ans plus tard : « Il vaut mieux n'avoir ni médecin ni médicament du tout plutôt que de se faire soigner à la manière de l'ancienne école… »

Hahnemann est expérimentateur dans l'âme. Il vérifiait par lui-même les propriétés des médicaments et, ce faisant, ouvrit la voie à la médecine expérimentale dans laquelle s'illustra plus tard le physiologiste Claude Bernard. Il imagina d'essayer ses médicaments sur le corps de l'homme sain, et d'abord sur lui-même. C'est l'expérimentation historique sur le quinquina qui marqua l'acte de naissance de l'homéopathie. Hahnemann écrivit en 1790 :

« J'ai pris pendant quelques jours, deux fois par jour, à chaque fois quatre drachmes [1] de bon quinquina. Tout d'abord mes pieds, le bout de mes doigts […] se sont refroidis. Je devins épuisé et somnolent, puis mon cœur s'est mis à battre, mon pouls est devenu dur et rapide ; une anxiété insupportable, un tremblement mais sans frissons, un épuisement de tous les membres ; puis coups dans la tête, rougeur des joues, soif, bref, tous les symptômes habituels de la

---

1. Soit environ 15 grammes.

fièvre intermittente, tels que je les connais, sont apparus les uns après les autres, pourtant sans véritables frissons fébriles. En résumé : symptômes habituels, particulièrement caractéristiques pour moi lors des fièvres intermittentes, stupeur des sens, sorte de raideur de toutes les articulations, mais aussi et surtout sensation sourde et désagréable qui semble avoir son siège dans le périoste de tous les os du corps — tous ces symptômes apparurent. Ce paroxysme dura de deux à trois heures chaque fois, et se renouvela chaque fois que je repris la dose ; sinon, il ne se passait rien. Je me suis arrêté et ai recouvré la santé. »

Hahnemann insiste alors sur ce fait surprenant : le quinquina, qui guérit les fièvres intermittentes, c'est-à-dire le paludisme, produit des symptômes analogues à ceux de cette maladie lorsqu'il est administré à l'homme sain. Il y a similitude entre les effets du remède constatés chez l'homme bien portant et les effets du paludisme chez le malade. Hahnemann multiplie alors les expérimentations sur lui-même ou sur d'autres sujets sains, et écrit en 1796 :

« Pour guérir radicalement certaines affections chroniques, on doit chercher les remèdes qui provoquent ordinairement dans l'organisme humain une maladie analogue, et le plus analogue qu'il est possible. »

Plus loin dans le même ouvrage, l'*Essai sur un nouveau principe pour vérifier le pouvoir curateur des drogues*, il ajoute :

« Toute substance capable d'induire à doses pondérables, chez un sujet sain, des symptômes pathologiques, est susceptible, à doses très faibles spécialement préparées, de faire disparaître des symptômes semblables chez le malade qui les présente. »

Hahnemann traduit de façon lapidaire ce principe par la célèbre formule : « *Similia similibus curantur* » — les semblables sont soignés par les semblables et le mal par le mal. Bref, l'homéopathie consiste à administrer au malade un remède qui lui donnerait, s'il était bien portant, la maladie dont il souffre. Cette formule, qui fonde l'homéopathie, s'oppose à la thèse de Galien, célèbre médecin de l'Antiquité qui avait formulé en son temps le principe inverse : « *Contraria contraris curantur.* »

En réalité, le principe hahnemannien, appelé parfois loi de similitude, ne mérite pas exactement cette dénomination, car une loi ne devrait souffrir aucune exception ; alors que le principe de similitude, pour général qu'il soit, exige une expérimentation au cas par cas, sur l'homme sain, de toutes les substances médicamenteuses — or certaines se révèlent inactives à quelque dose que ce soit. L'expérimentation princeps de Samuel Hahnemann sur le quinquina pose d'ailleurs elle-même bien des questions, car le quinquina ne produit qu'exceptionnellement la fièvre en administration à fortes doses, ainsi que Hahnemann l'essaya. Lequel Hahnemann était d'ailleurs, de son propre aveu, un sujet d'expérience « préparé » par une atteinte antérieure de paludisme.

Lors de ses tout premiers essais thérapeutiques, Hahnemann employa souvent des doses fort élevées pour agir sur le sujet sain ; en revanche, de telles doses produisant des réactions parfois vives chez les malades, il fut conduit à utiliser avec eux des doses de plus en plus faibles. Il entreprit donc de les diluer en vue d'en atténuer les effets, qualifiant d'*atténuations* les dilutions ainsi effectuées.

Ainsi apparut, après la similitude, un second principe : le principe de dilution que Samuel Hahnemann et ses successeurs poussèrent fort loin, ce concept devenant bientôt l'un des fondements de l'homéopathie.

Dans sa version la plus générale et la plus épurée, le principe de similitude énonce que chez un sujet malade, les substances utilisées pour le guérir exercent à doses homéopathiques un effet inverse de leur action sur l'homme sain. Ainsi le café qui, à fortes doses, produit de la tachycardie et de l'insomnie, rétablit à doses homéopathiques un rythme cardiaque et un sommeil normaux. On en déduit que le café pris à doses homéopathiques soigne tout état dont les symptômes sont semblables à ceux du caféisme (effet de l'excès de café), notamment la tachycardie, l'insomnie et l'afflux de pensées (hyperidéation). Ces symptômes seront soignés par le café à doses homéopathiques sous forme de *Coffea*, même s'ils n'ont pas été induits par le café lui-même. Dans cet exemple type, la similitude est on ne peut plus claire : c'est à une véritable inversion de l'action du café que l'on a affaire, l'activité à doses homéopathiques inversant celle qui se manifeste à fortes doses.

Il n'en est pas toujours ainsi. Des substances comme l'arnica ou l'aconit, par exemple, présentent des effets semblables à doses élevées et à doses homéopathiques. L'arnica soigne les traumatismes physiques (mais sans effusion de sang) ou psychiques, les bleus au corps comme les bleus à l'âme. L'aconit soigne les névralgies faciales à doses allopathiques comme à doses homéopathiques.

En somme, l'homéopathie est infiniment plus complexe que ne le voudrait une stricte application de quelques principes de base présentés comme incontournables et absolus. En fait, chaque cas est un cas particulier, et la complexité s'accroît indéfiniment si l'on considère que, de surcroît, chaque patient est lui aussi une personne singulière dont les symptômes devront être finement analysés avant d'arrêter un traitement homéopathique qui leur corresponde avec la plus grande précision possible. C'est en cela que l'on a pu dire que l'homéopathie est une thérapie « de la personne tout entière », une médecine holistique, c'est-à-dire qui prend en considération tous les facteurs et tous les critères.

Mais l'homéopathie repose sur un troisième principe : le principe de *dynamisation*. Lorsqu'il diluait ses médicaments, Hahnemann agitait le flacon à chaque dilution en lui imprimant des secousses. À première vue, cette précaution paraît tout à fait naturelle : elle s'impose pour obtenir des dilutions homogènes. En fait, à partir d'une souche appelée teinture mère, les fabricants de médicaments homéopathiques en prélèvent 1 centième qu'ils vont diluer dans

Les nouveaux remèdes naturels

99 centièmes d'eau, puis ils agitent à nouveau ce mélange dont 1 centième sera de nouveau dilué dans 99 centièmes d'eau, et ainsi de suite... De dilutions centésimales en dilutions centésimales, il arrive, par application de ce procédé inhérent à la préparation des médicaments homéopathiques, que les dilutions finissent par ne plus contenir de molécules de la matière initiale. C'est ce qui se produit à partir de la neuvième centésimale, si l'on se fie au principe énoncé par le savant italien Avogadro dès 1811, indiquant le nombre de molécules élémentaires contenues dans une molécule gramme d'un corps quelconque (18 grammes d'eau ou 58,50 grammes de chlorure de sodium, par exemple, contiennent exactement le même nombre de molécules élémentaires soit $6,022 \times 10^{23}$; grâce à ce chiffre, il est aisé de calculer la dilution d'une centésimale à la suivante, etc.) À la neuvième centésimale, il ne reste donc plus que du solvant. Il en va naturellement de même aux centésimales supérieures, appelées « hautes dilutions », et jusqu'à la trentième, couramment utilisée en médecine homéopathique.

L'absence de corpuscules matériels dans les dilutions supérieures à la neuvième centésimale a suscité des controverses extrêmement vives, qui n'ont d'ailleurs pas cessé à ce jour. Tout se passe comme si les secousses, désormais qualifiées de « dynamisation », subies par chaque dilution avant de donner naissance à la suivante, imprégnaient le solvant — l'eau, en l'occurrence — d'une sorte de « mémoire des molécules » avec lesquelles il avait été en contact. C'est ainsi qu'a surgi l'intense et violente controverse sur la « mémoire de l'eau » qui défraya la chronique scientifique durant tout l'été 1988 et où s'illustra courageusement Jacques Benveniste.

Mais qu'en est-il au juste de cette mémoire ? Comment l'eau peut-elle conserver des traces d'un contact avec des molécules données dès lors que celles-ci, à force de dilutions, ont disparu, laissant aux « hautes dilutions » des solvants purs et pourtant encore actifs, souvent même plus actifs que les « basses dilutions » ?

L'histoire de l'homéopathie pourrait se réécrire en glosant autour de ce thème central des « hautes dilutions » sur lequel maints chercheurs se sont penchés et se sont exprimés. Il semble que seule la physique quantique soit à même d'éclaircir — au moins partiellement — le mystère. Deux physiciens italiens de l'université de Milan, Del Giudice et Preparata, ont émis l'hypothèse d'une polarisation permanente de l'eau

Les nouveaux remèdes naturels

de type électromagnétique autour de molécules biologiques électriquement chargées [1]. Cette opinion est loin d'être partagée par l'ensemble de la communauté scientifique, de sorte que l'homéopathie, avec ses « hautes dilutions », reste aujourd'hui encore non seulement un sujet de controverses, mais l'objet d'intenses recherches.

En effet, au cours des dernières décennies, elle s'est soumise aux rigueurs de l'expérimentation scientifique et des résultats positifs se sont accumulés en sa faveur. Par exemple, l'équipe du professeur Doutremepuich a expérimenté l'aspirine, utilisée à doses allopathiques et homéopathiques, sur un rat auquel on a produit une lésion légère mais suffisante pour provoquer une agrégation plaquettaire, c'est-à-dire un phénomène de coagulation sanguine. On sait que l'aspirine à forte concentration induit une diminution de l'intensité de ce phénomène par réduction de l'agrégation plaquettaire. C'est ce que nos observateurs constatent lorsqu'ils utilisent l'aspirine à raison de 100 mg/kg de poids. Mais, à des doses homéopathiques de 9, 15 et 30 CH (centésimales), l'aspirine produit un

---

1. E. Del Giudice, G. Preparata, G. Vitiello, *Water as free electric teepool laser*, Physical Review Letter, 1988, chap. 61, pp. 1096-1088.

effet inverse : elle augmente l'intensité de l'agrégation plaquettaire en amplitude et en vélocité. Plus surprenant encore, l'action « antiagrégant » de l'aspirine à la concentration de 100 mg/kg est inhibée par une injection concomitante d'une « haute dilution » d'aspirine (15 CH).

S'agissant ici d'expérimentations menées sur le rat, tout effet placebo est naturellement exclu. De plus, il s'agit là de l'observation de faits très faciles à objectiver avec la plus grande rigueur scientifique et qui, comme on voit, plaident en faveur de l'action des « hautes dilutions » dans un des schémas les plus typiques de l'homéopathie, où les doses infinitésimales produisent des effets contraires à ceux des doses couramment utilisées en allopathie.

Dans un autre registre, toute une série d'essais concluants ont été conduits sur les effets de l'arsenic chez le rat. Dans une thèse d'État soutenue à la faculté des sciences pharmaceutiques de l'université de Lille, Ahmed Chaoui[1] a montré que des doses

---

1. A. Chaoui, *Influence de certains facteurs physiques et chimiques sur l'activité de dilutions infinitésimales d'arsenic*, Thèse de doctorat d'État en sciences pharmaceutiques, université de Lille, 22 juin 1988.

infinitésimales d'arsenic favorisent l'élimination de ce même produit injecté à l'animal à doses massives. Plusieurs niveaux de dilution ont été essayés et il est apparu que la septième centésimale se révélait la plus active. Lors de travaux antérieurs sur le même sujet, Jean Boiron et André Cier avaient obtenu des résultats semblables, mais avaient aussi souligné la haute activité des quinzième et trentième centésimales. Ils avaient observé que les quantités d'arsenic éliminées étaient les mêmes pour la septième et la quinzième centésimales ; alors que dans la première de ces dilutions persistaient des molécules, la seconde à coup sûr n'en contenait plus. Voilà donc démontré une fois encore l'effet des « hautes dilutions » par l'expérimentation sur l'animal.

Les exemples de l'aspirine et de l'arsenic ont été retenus ici à cause de leur forte valeur probatoire. On pourrait en citer de nombreux autres.

Mais l'homéopathie se soumet aussi aujourd'hui à l'expérimentation clinique sur le malade. Néanmoins, celle-ci se révèle nettement plus complexe qu'en allopathie où les médicaments sont essayés sur des malades touchés par la même maladie et considérés en somme comme « standards ».

L'homéopathie prend au contraire en considération chaque personne et n'obtiendra des résultats probants dans les essais cliniques que si les personnes sélectionnées manifestent un maximum de symptômes comparables. D'où des sélections extrêmement fines de la population faisant l'objet de ces essais.

En 1997, K. Linde et W. Jonas, directeurs du département d'évaluation des médecines alternatives du National Institute of Health des États-Unis, consignent, dans la très célèbre revue *The Lancet* du 20 septembre 1997, les résultats d'une analyse portant sur 186 essais cliniques mettant en œuvre des thérapeutiques homéopathiques. Les auteurs concluent que « les résultats de cette méta-analyse sont incompatibles avec l'hypothèse que les effets cliniques de l'homéopathie seraient exclusivement dus à un effet placebo. »

On sélectionnera parmi toutes ces études deux cas de figures particulièrement significatifs.

Entre autres essais cliniques menés « en double aveugle contre placebo », le docteur David Reilly, de l'université de Glasgow, a testé sur 144 malades allergiques recrutés par les hôpitaux homéopathiques de cette ville et de Londres — car il existe en

Grande-Bretagne de tels hôpitaux... — des dilutions à 30 CH de différents pollens allergisants, et ce durant cinq semaines. Au terme de cette expérimentation, l'analyse statistique a démontré une amélioration significative de l'état des malades traités. Ces résultats ont été publiés le 18 octobre 1986 dans la prestigieuse revue médicale *The Lancet*.

La Grande-Bretagne semble décidément en pointe dans le domaine complexe de l'évaluation clinique des médicaments. Un autre essai a été publié dans un autre grand périodique médical, le *British Medical Journal* (numéro du 5 août 1989). L'intérêt de cet essai est d'avoir pris en compte avec beaucoup de soin l'individualisation du traitement propre à la médecine homéopathique. La maladie traitée est une maladie rhumatoïde, la fibromialgie primaire, encore dénommée « maladie des insertions musculaires ». Le médicament utilisé est une dilution à 6 CH de *Rhus toxicodendron*, le Sumac vénéneux. L'étude a été menée elle aussi en double aveugle et contre placebo, de sorte que ni le médecin traitant ni le malade ne savent si c'est le produit actif ou la substance inerte qui est utilisé. La sélection des patients soumis aux essais est fort sévère : on choisit des malades réunissant au moins trois des symptômes décrits dans les matières médicales homéopathiques ; lorsqu'il présente d'autres symptômes, l'existence de remèdes mieux indiqués entraîne l'exclusion du patient du groupe soumis à l'expérience. Au bout de deux mois, une amélioration statistiquement significative a été observée chez les sujets traités.

Ainsi, en se soumettant à des examens rigoureux, tant pharmacologiques que cliniques, l'homéopathie acquiert peu à peu un crédit scientifique qu'on lui a jusque-là souvent refusé. En fait, c'est un arrêté publié en décembre 1948 qui a officialisé pour la première fois les techniques de fabrication du médicament homéopathique (ce qui revenait pratiquement à une reconnaissance à part entière de cette thérapeutique). Mais cet arrêté ne prenait en compte que les dilutions inférieures ou égales à la neuvième centésimale, soit jusqu'à la limite de la présence moléculaire. En 1965, la *Pharmacopée française* a repris ces mêmes dispositions, officialisant du même coup le médicament homéopathique. La nouvelle édition de cette même *Pharmacopée*, publiée en 1983, va cependant nettement plus loin, puisqu'elle supprime toute référence au « verrou » de la neuvième centésimale. L'homéopathie est ainsi officiellement reconnue en France, y compris dans l'utilisation des « hautes dilutions ». Elle fait désormais partie intégrante de la médecine dont elle constitue une composante particulière.

Les ventes de médicaments homéopathiques représentent aujourd'hui un milliard d'euros à travers le monde, soit environ 0,5 % de l'ensemble du marché de la pharmacie. Plus de 70 % de cette activité se situe en Europe. Elle est portée essentiellement par la France et l'Allemagne, pays à partir desquels l'homéopathie a rayonné au cours du siècle dernier. Avec 230 millions d'euros, la France est le premier marché mondial, immédiatement suivie par l'Allemagne puis l'Inde, le Brésil, l'Italie et les Pays-Bas.

En Inde, on évalue à 70 millions — soit le douzième de la population totale — le nombre de patients traités par cette médecine. On connaît aussi l'attachement de la famille royale du Royaume-Uni pour l'homéopathie.

L'argument selon lequel l'homéopathie n'agirait que par un effet placebo est désormais irrecevable au vu des multiples expérimentations *in vitro* et *in vivo* dont elle a fait l'objet. L'invocation de cet argument est d'autant plus paradoxale que c'est précisément en rejetant la médecine doctrinale vilipendée par Molière — mais qui était la médecine de son temps — que Samuel Hahnemann, en expérimentateur lucide et rigoureux, a donné naissance à cette forme de médecine entièrement basée sur l'expérimentation et l'observation, même s'il n'est pas encore possible d'en comprendre toutes les dimensions.

Comme dans tout autre domaine de la science, il importe d'abord ici d'étayer l'observation de faits indiscutables et, si possible, systématiquement reproductibles. C'est à partir d'une large moisson de tels faits que pourront peu à peu s'élaborer les théories explicatives qui, pour l'instant, font encore défaut. Mais ce serait un singulier dévoiement de la démarche scientifique que de nier purement et simplement des faits sous prétexte qu'aucune théorie entièrement satisfaisante ne permet encore de les expliquer pleinement. On citera opportunément à ce sujet une déclaration de M. Hubert Curien, alors ministre de la Recherche, en pleine affaire de la « mémoire de l'eau ». Répondant à l'agence France Presse, le 16 juillet 1989, il déclara : « Si on ne publie pas des choses qui sont dérangeantes, on risque de passer à côté de choses formidables... » Propos d'une lucidité et d'une pertinence telles qu'on aimerait les entendre dans la bouche de tous les chercheurs. Car

Hahnemann n'était pas un rêveur, mais un authentique chercheur préoccupé de l'efficacité de la médecine, et l'on peut à juste titre le considérer comme l'un des pères de la médecine expérimentale. Lorsque la science aura élucidé le mystère de l'infinitésimal, sans doute pourra-t-on alors lui rendre l'hommage qu'il mérite. D'autant qu'il eut aussi le mérite de faire émerger le concept de « terrain », plus que jamais aujourd'hui d'actualité lorsqu'on évoque, par exemple, pour telle ou telle maladie, les caractéristiques des sujets à risques.

La vigoureuse polémique opposant médecine classique et homéopathie semble aujourd'hui en passe d'être dépassée. Car c'est bien la médecine dans son ensemble qu'il importe de promouvoir : médecine scientifique, bien évidemment, mais aussi médecine humaine, tout autant ouverte sur les progrès scientifiques et techniques qu'à l'écoute de la personne malade. De ce point de vue, ces deux manières d'envisager la médecine apparaissent parfaitement complémentaires et ne s'opposent en rien. L'une, l'homéopathie, tend à favoriser au maximum le potentiel de guérison du malade ; l'autre, qualifiée un peu improprement d'allopathie, met en œuvre des moyens plus agressifs qui attaquent le mal de front, mais risquent d'affaiblir les défenses naturelles de l'organisme.

Pour autant, l'homéopathie n'est pas une médecine à part, car il n'existe qu'une seule et unique médecine, riche de ses multiples potentialités. L'usage d'un antibiotique suppose l'identification du germe pathogène dont souffre le patient — et c'est tout. L'homéopathie aura une approche plus complexe, requérant un examen très attentif de chaque symptôme, voire parfois du plus insignifiant d'entre eux avant que ne soit rédigée l'ordonnance.

Encore que ce ne soit pas toujours le cas : pour certaines infections ou certains symptômes, les mêmes médicaments homéopathiques reviennent systématiquement. Ce qui a suscité la création de forums spécialisés destinés à traiter de façon générale et systématique certaines affections. L'homéopathie, néanmoins, n'y perd pas son âme : elle ne fait que manifester par là sa capacité à s'adapter aux situations les plus diverses concernant les patients et leurs maladies.

Hahnemann est mort à Paris d'une bronchite chronique, le 2 juillet 1843, à son domicile du 1, rue de Milan. Il avait quatre-vingt-huit ans. Après de longues années de pérégrinations à travers l'Allemagne où il avait déménagé plus de quinze fois en treize ans, il avait épousé en secondes noces, à l'âge de quatre-vingts ans, une jeune Française de trente-quatre ans, Mélanie Tervini. Une destinée qui n'est pas sans rappeler par certains aspects celle de Descartes. Il aura fini sa vie dans notre pays, entouré d'élèves qui continuèrent à creuser le sillon qu'il avait génialement amorcé.

CHAPITRE 14

Pour finir, une tasse de thé

La première boisson du monde est bien évidemment l'eau dont les volumes consommés évoluent en qualité, dans les pays riches, avec l'arrivée en force des eaux de source ou minérales sur la table des consommateurs. À l'inverse, pour un milliard d'êtres humains, les ressources en eau potable restent problématiques.

Derrière l'eau, le thé est la deuxième boisson du monde et représente l'apport de l'Asie dans une diaspora où chaque continent — l'Europe exceptée — fournit une boisson d'un intérêt exceptionnel. En effet, l'Éthiopie, au nom de l'Afrique, nous a donné le café ; l'Amérique, le cacao (sans oublier le Coca-Cola®) ; quant à l'Océanie, si elle n'a pas apporté de boisson de renommée mondiale à l'instar des trois pourvoyeurs du trio « thé-café-chocolat », elle fournit néanmoins le *kawa*, d'usage local, dont les propriétés sont quelque peu différentes. Les plantes « toniques » du fameux trio appartiennent certes à des familles botaniques sans affinités entre elles, mais possèdent toutes trois des substances très voisines : la caféine, abondamment présente dans le thé et le café, la théophylline, spécifique du thé, et la théobromine, qui appartient au cacao.

Il a fallu attendre le XVIIe siècle pour que l'usage de ces boissons se répande en Europe. Trois siècles plus tard, qu'il s'agisse du « petit noir » du matin ou du *five o'clock tea*, aucune concurrence ne semble encore en mesure de les détrôner. Le Coca-Cola® lui-même doit s'incliner devant ces infusions qui réussirent, en moins d'un siècle, à conquérir la planète.

En 793, la Chine impériale imposa un impôt sur le thé qui était déjà à l'époque la boisson nationale et avait derrière lui une longue carrière. Au reste, il tenait davantage lieu de nourriture que de boisson. En effet, dans les régions d'origine du théier — sans doute le Yunnan, province du sud-ouest de la Chine —, on cuisait les feuilles de thé à la vapeur ; puis, pilées dans un mortier, compactées en une sorte de gâteau, bouillies

Les nouveaux remèdes naturels

avec du riz et du lait, aromatisées au gingembre et à l'écorce d'orange, elles étaient relevées de diverses épices. Cette préparation constituait la nourriture de base des populations de ces régions. Ce n'est que plus tard qu'il se défit des nombreux ingrédients qui l'accompagnaient dans ce mélange pour devenir une boisson : celle que nous connaissons aujourd'hui.

C'est à la Cour, dans l'entourage de l'empereur, que s'effectua cette évolution. Siècle après siècle, on vit s'imposer successivement la mode du thé bouilli, puis du thé infusé selon différentes méthodes. C'est sous la dynastie Tang (du VIIe au Xe siècle) qu'apparurent les premiers cérémoniels régissant la consommation d'un thé bouilli et légèrement salé. Avec la dynastie suivante, celle des Song (du Xe au XIIIe siècle), le thé était battu avec de l'eau chaude, tandis que le sel disparaissait. Dans les milieux bouddhistes, le rituel s'enrichit et gagna le Japon qui en fit un véritable culte. Puis la Chine connut l'invasion des hordes mongoles au XIIIe siècle et dut attendre l'avènement de la dynastie des Ming (du XIVe au XVIIe siècle) pour recouvrer sa puissance. Le thé y retrouve du même coup sa place privilégiée et sa valeur symbolique. Mais il tarde encore à parvenir en Europe.

Les nouveaux remèdes naturels

On en relève la première mention dans une chronique de voyage publiée en 1559 par le Vénitien Ramuzio. C'est le père Ricci, lors de la pénétration des jésuites en Chine au XVIe siècle, qui décrit dans ses lettres sur la Chine l'usage commun du thé dans ce vaste pays. (On sait comment cet honorable jésuite sut s'attirer la confiance de l'empereur, puis comment sa courageuse entreprise fut vouée à l'échec, Rome ne l'ayant pas suivi.) Il est difficile de connaître avec précision la date exacte de l'introduction du thé en Europe ; sans doute a-t-elle eu lieu vers 1600. Dès 1605, en effet, la Compagnie des Indes néerlandaises importe du thé, faisant rapidement de l'Angleterre son meilleur client.

Un certain Thomas Garraway ouvrit à Londres, en 1657, une boutique où l'on ne vendait que du thé. Sa consommation se répandit dès lors en Angleterre de manière fulgurante. Cromwell s'empressa aussitôt de lever un impôt sur le thé, ce qui encouragea la contrebande et ne fit qu'accroître le développement de cette boisson sur les terres de Sa Gracieuse Majesté.

Mais les Français ne suivirent point. Déjà attachés à cette époque au café, ils le resteront, baptisant même du nom de « cafés » des établissements qui n'en servaient pas

Les nouveaux remèdes naturels

moins aussi de ce thé dont Mazarin faisait son régal. Par contre, la Russie se laissa convertir à partir du XIXe siècle, de même que les populations musulmanes d'Afrique du Nord qui ne se sont appropriées le thé vert qu'à la même époque, à partir de la Libye et du Maroc.

L'Europe déploya de grands efforts pour s'émanciper du monopole chinois, la puissante Compagnie des Indes néerlandaises créant ses propres plantations de thé à Java ves 1825. L'Angleterre en fit autant en Inde, sous la houlette de la Compagnie des Indes anglaises, y cultivant une variété que Bruce avait découvert dans la jungle de l'Assam.

Le théier sauvage est un arbre qui peut atteindre une dizaine de mètres de hauteur ; mais on a grand soin, dans les plantations, de le tailler de manière à pouvoir cueillir les feuilles sans effort. La qualité des variétés dépend du nombre de feuilles récoltées en deçà du bourgeon terminal ou *pekoe* (c'est-à-dire « duveteux ») : ce sont les feuilles les plus jeunes qui sont les plus appréciées. Ainsi le thé commercial est d'autant plus cher qu'il est formé de feuilles plus minces et plus fines. D'où une subtile hiérarchie dans les qualités, la palme revenant précisément au *pekoe* lui-même, le « thé de la cueillette céleste », formé de jeunes bourgeons non épanouis. Selon qu'à ces bourgeons s'adjoignaient une, deux ou trois feuilles, on parlait jadis de « cueillette impériale », de « cueillette fine » ou de « cueillette grossière »…

Les feuilles du théier sont persistantes, molles et couvertes d'un duvet soyeux lorsqu'elles sont jeunes, coriaces et glabres lorsqu'elles sont plus âgées. Ces feuilles sont aisément identifiables lorsqu'on pratique une coupe mince et transversale du limbe. On y distingue aisément au microscope, noyées dans l'épaisseur du tissu foliaire, de très grosses cellules à épaisse paroi, qui peuvent traverser le limbe de haut en bas, d'un épiderme à l'autre : ce sont les sclérites. On y trouve aussi de nombreux et fins cristaux d'oxalate de calcium, très aisés à mettre en évidence. L'observation fine de ces caractéristiques micrographiques permet de déceler immédiatement d'éventuelles falsifications, rares aujourd'hui, il est vrai, dans les circuits commerciaux qui sont solidement établis. Un œil exercé reconnaît du premier coup une coupe de feuille de thé au microscope. Quant aux fleurs, elles ressemblent à celles du camélia, les deux espèces appartenant d'ailleurs à la même famille, celle des Caméliacées ou Théacées.

Dans la médecine traditionnelle chinoise, le thé possédait de multiples indications thérapeutiques. Plusieurs études récentes menées sur le thé ont confirmé certaines de ces intéressantes propriétés. La dixième édition de la *Pharmacopée française* lui réserve deux monographies publiées en 1994 ; l'une est consacrée au thé vert, l'autre au thé noir. La tradition veut en effet que l'on distingue les thés non fermentés, ou thés verts, qui représentent près de 90 % de la production chinoise, et les thés fermentés ou thés noirs, qui constituent une proportion à peu près identique de la production indienne. Dans le thé vert, les feuilles ont été soumises à une stabilisation à la vapeur, destinée à détruire les enzymes ; leur composition diffère donc fort peu des feuilles fraîches. En revanche, la préparation du thé noir est plus complexe : les feuilles sont abandonnées durant une journée sur des claies où elles flétrissent et s'assouplissent ; elles sont ensuite malaxées à la main ou à la machine pour libérer les enzymes des cellules qui les contiennent ; s'ensuit une fermentation qui se déroule en milieu humide durant trois à cinq heures ; la composition des feuilles s'en trouve profondément modifiée : elles prennent une coloration noire et donnent une infusion brun-rouge.

En fait, dans le thé vert, les polyphénols, composants essentiels du thé (avec naturellement la caféine), restent en l'état, alors que dans le thé noir, ils sont oxydés par les enzymes et transformés en composés plus complexes qui colorent l'infusion en rouge foncé. Ces composés tanniques, fortement astringents, font du thé noir une excellente boisson d'accompagnement en cas de diarrhée et d'infection intestinale.

Les propriétés classiques du thé sont connues depuis fort longtemps. La caféine, encore appelée théine, présente à raison de 2 à 4 % dans les feuilles (donc plus abondante que dans le café !), est un puissant stimulant du système nerveux central : elle favorise le travail intellectuel, mais aussi l'effort musculaire. Avec la théophylline, molécule très proche de la caféine et présente en faibles quantités, elle explique par ailleurs les propriétés diurétiques du thé et son aptitude à stimuler les fonctions cardiorespiratoires. Alors que, dans le café, la caféine existe sous forme libre, dans le thé elle est au contraire partiellement combinée avec les composés phénoliques et donc libérée plus lentement dans l'organisme, d'où un effet plus progressif, moins brutal que celui du café. Encore qu'en la matière les sensibilités individuelles jouent fortement :

nous sommes tous très inégaux devant la manière dont thé ou café nous empêchent de dormir. Certains y sont très sensibles, d'autres pas.

Ces dernières années ont vu émerger de nombreuses nouveautés concernant les propriétés pharmacologiques du thé. Elles ont été recensées par mon collègue Cavé et ses collaborateurs [1]. Une étude de chercheurs japonais sur l'activité préventive ou curative du thé dans l'artériosclérose a conduit à des études épidémiologiques minutieuses démontrant que la consommation régulière et abondante de thé vert diminue le taux de lipides circulant dans le sang, ainsi que celui du cholestérol. Mais les doses nécessaires sont élevées : si l'on a dénombré une proportion de 26 pour 1 000 pour les cas de maladies cardiovasculaires chez les consommateurs de dix tasses de thé quotidiennes, cette proportion monte à 40 pour 1 000 chez les buveurs se limitant à trois tasses par jour. Résultat confirmé par une étude menée parallèlement aux Pays-Bas où l'on a démontré que des personnes consommant plus de cinq tasses de thé par jour

---

1. A. Laurens, M. Lebœuf et A. Cavé, « Les surprenantes vertus du thé vert », *La Recherche*, 1998, n° 308, pp. 54-57.

réduisaient de 69 % les risques d'accident vasculaire cérébral par rapport à ceux buvant moins de deux tasses et demie. Que dire alors de ceux qui n'en boivent pas du tout !

D'autres travaux récents ont mis en évidence le rôle de prévention du thé dans certains types de cancers. On a montré au Japon que les cancers de l'estomac et du côlon étaient nettement moins nombreux dans les régions productrices de thé vert. On sait aussi que les taux de cancer du poumon sont plus faibles au Japon qu'aux États-Unis alors même que la consommation de cigarettes y est nettement supérieure. Des constats qui sont cependant à pondérer quand on sait que les buveurs de thé consomment moins d'alcool, ce qui pourrait largement expliquer le phénomène. Mais des essais pratiqués *in vivo* sur des tumeurs provoquées chez l'animal ont confirmé ces résultats et mis en évidence une protection certaine contre les tumeurs de la peau et du poumon. Ces effets préventifs sur la survenue du cancer pourraient s'expliquer par le fait que le thé piège les fameux « radicaux libres », ces résidus toxiques de molécules qui jouent un rôle déterminant dans les phénomènes de sénescence cellulaire et tissulaire. Ces propriétés protectrices ont pu clairement être attribuées aux polyphénols, abondamment présents dans le thé vert : ce sont eux qui contribuent à la prévention des cancers, notamment ceux du côlon. Pour bénéficier de ce que Laurens et ses collaborateurs appellent le « paradoxe chinois », il convient donc de consommer du thé vert, non du noir, et ce, dans des proportions relativement élevées.

Enfin, une étude récente menée dans l'Ohio a montré que l'un des composés polyphénoliques du thé bloque une enzyme impliquée dans la dissémination des cancers : l'urokinase. Du coup, ce polyphénol devient une structure moléculaire prometteuse dans la chimio-protection des cancers.

Ainsi le thé, breuvage millénaire et boisson numéro un de l'humanité, a-t-il réussi, à l'instar de l'aspirine, à se refaire une nouvelle jeunesse ! Aux États-Unis, le National Cancer Institute a considéré que les résultats déjà obtenus étaient suffisamment prometteurs pour que puissent être mises en œuvre des études cliniques approfondies sur l'activité anticancéreuse du thé.

Belle moisson de propriétés pharmacologiques intéressantes pour ce végétal dont une légende chinoise fait remonter l'apparition à 2 757 ans avant Jésus-Christ ! A cette époque, selon la légende, l'empereur Shen

Nung, qui s'était déjà distingué en conseillant à ses sujets de faire bouillir l'eau avant de la consommer, se désaltérait sous un arbre d'un bol d'eau bouillie quand quelques feuilles vinrent à tomber par hasard dans le récipient ; l'empereur goûta cette infusion et fut enthousiasmé par la saveur nouvelle de cette boisson revigorante. Le thé venait de naître ! C'est tout au moins ce qui se raconte en Chine sans qu'il soit possible d'authentifier l'information...

Mais il se peut que vous n'aimiez pas le thé... Rabattez-vous alors sur le vin ! Vous absorberez du coup de précieuses molécules, les anthocyanes, sous une forme si agréable au palais qu'il n'est nul besoin de les présenter sous forme de médicament ! Deux à trois verres de vin rouge par jour y suffisent. Une information résultant d'une enquête épidémiologique publiée le 12 mai 1979 dans le célèbre magazine médical britannique *The Lancet* a montré le pouvoir protecteur du vin rouge sur les petits vaisseaux sanguins, ainsi préservés de l'artériosclérose. On croit rêver ? Pourtant, comment expliquer autrement que la carte de la mortalité alcoolique en France désigne l'Ouest, le Nord et l'Alsace comme les régions les plus touchées, et épargne au contraire les grandes régions viticoles du

Midi, qui semblent mystérieusement protégées ? Le vin rouge ferait-il moins de ravages que l'alcool ? À certains égards, il semble bien...

Et demain ?

Il y a quelques années, un vieil ami africain qui m'avait confié quelques-unes de ses recettes m'ouvrit son cœur. Dans un échange émouvant, il me brossa le sombre portrait d'une Afrique désorientée, déboussolée, qui, à notre contact, avait perdu tous ses repères sans pour autant bénéficier des avantages du « progrès ». Un progrès que lui-même, vieux sage nourri d'une culture immémoriale, considérait comme « peu utile pour nous ». Il regrettait que le contact avec la civilisation occidentale eût profondément déséquilibré les modes de vie ancestraux du continent noir, d'autant plus que, selon lui, la seule chose vraiment utile que l'Occident aurait pu lui apporter, ce sont les médicaments. Or, disponibles à profusion dans nos officines, ceux-ci passent difficilement au sud du Sahara, les grandes multinationales de la pharmacie se désintéressant de populations certes nombreuses, mais non solvables.

Celles-ci, qui plus est, sont frappées de maladies spécifiques aux zones tropicales : paludisme, certes, en pleine remontée, mais aussi bilharziose, leishmaniose, lèpre, maladie de Chagas, qui continuent à faire d'amples dégâts alors que, pour ces affections, les médicaments appropriés existent ; mais ils ne sont pas correctement diffusés. En revanche, fort peu de recherches sont entreprises en ce domaine, les laboratoires délaissant volontiers ces pathologies dites « du bout du monde ». Dans son secteur vétérinaire, Novartis serait bien disposé à développer certains produits nouveaux contre la leishmaniose... mais seulement pour les chiens domestiques, et tant pis pour le tiers-monde ! Actuellement, la recherche concernant l'ensemble des maladies tropicales représente à peine 1 % des fonds consacrés au seul sida. C'est dire à quel point, dans le cadre de la fameuse mondialisation, sont marginalisés les besoins spécifiques de plus d'un milliard d'êtres humains. Mais comment pourrait-il en être autrement quand on sait que le coût de la mise sur le marché d'une nouvelle molécule, recherche et développement compris, s'élève en moyenne à un milliard et demi de francs ? La pharmacie moderne est devenue un service coûteux, auquel ne peuvent accéder les pays pauvres.

Injustice paradoxale et d'autant plus singulière que, dans les pays industrialisés, l'espérance de vie ne cesse de croître : on nous fait miroiter une longévité qui nous amènerait jusqu'à 120 ans, et, qui plus est, dans la bonne forme physique qu'autoriserait un parfait entretien de nos artères. Simultanément, dans une bonne partie du monde, les maladies infectieuses persistent, elles qui ont très largement déserté les pays les plus riches. Le paludisme continue à tuer deux à trois millions de personnes chaque année, et si le sida fait tout autant de morts, il tend à concentrer ses pires méfaits sur l'Afrique[1]. La tuberculose est à nouveau en hausse, d'autant plus que, selon l'OMS, le virus du sida, en affaiblissant le système immunitaire des individus, favoriserait le regain de cette maladie. En revanche, les pays occidentaux luttent pour leur part contre la montée des maladies cardio-vasculaires, des cancers et des maladies neuro-psychiatriques, direc-

---

[1]. La décision de la réunion du G8 à Gênes, en juillet 2001, de créer un fonds pour la lutte contre le sida en Afrique est une initiative, certes modeste, mais qui va dans le bon sens.

tions dans lesquelles les grands laboratoires pharmaceutiques orientent l'essentiel de leurs recherches. Les douleurs chroniques comme les sciatiques ou le mal de dos, les maladies inflammatoires comme l'arthrite, les maladies génétiques, les maladies neurodégénératives comme la maladie de Parkinson ou la maladie d'Alzheimer, sans oublier le diabète et l'obésité, directement en relation avec une nourriture trop abondante et un excès de sédentarité, allongent le cortège des pathologies du « premier monde » qui sont encore loin d'être maîtrisées.

À parcourir les thèmes évoqués ci-dessus, il apparaît qu'en maints domaines, les médicaments issus de la nature se révèlent performants. Il en est ainsi des antibiotiques, des grands antalgiques, des anticancéreux, de certains médicaments de l'appareil cardiovasculaire, etc. On constate en revanche qu'en d'autres domaines comme celui des psychotropes ou la thérapeutique du sida, plantes et animaux n'ont point encore réussi, jusqu'ici, à imposer des médicaments indiscutables, même si plusieurs pistes en cours d'exploration semblent intéressantes.

Si l'on en juge d'après les grandes orientations de recherches mises en œuvre par les industriels du médicament, on observe que deux directions semblent nettement favorisées : celle des psychotropes, celle des médicaments du vieillissement.

L'ardeur avec laquelle se développent les recherches en matière d'anxiolytiques et d'antidépresseurs donne à penser que cette orientation thérapeutique correspond à un secteur en « plein développement ». Les anxieux et les déprimés seront-ils à l'avenir de plus en plus nombreux ? Une hypothèse qu'on ne saurait exclure au vu de la constante dégradation des conditions de vie et de travail où la perte de repères, l'insécurité, la violence, le harcèlement, les rythmes insupportables, voire les conséquences de la mobilité des travailleurs ne cessent d'engendrer au quotidien stress et agressivité. En résultent des consommations faramineuses de psychotropes, la France battant tous les records en ce domaine.

Allons-nous aller plus loin encore ? Comment expliquer que nous consommions quatre fois plus d'hypnotiques et de tranquillisants que l'Allemagne ou le Royaume-Uni, par exemple ? Dans ces pays, il est vrai, le recours aux médicaments naturels est plus fréquent, comme on le voit par exemple avec la mode du millepertuis répandue outre-Rhin. Pourtant, en ce domaine comme en tout autre, la prévention mériterait d'être poussée bien plus avant afin d'éviter déséquilibres et maladies qu'il faut ensuite tenter de guérir à grands renforts de prescriptions et de médicaments. Une prévention portant sur les conditions psycho-sociologiques de la vie moderne, où l'économie devrait un jour finir par se mettre au service de l'homme, et non l'inverse. De ce point de vue, c'est la société elle-même qu'il conviendrait de soigner si l'on veut tarir à la source ces pathogénies si caractéristiques du monde moderne.

Un immense effort de prévention doit aussi porter, chez chacun, sur le choix judicieux de son régime alimentaire. Les thérapeutes de l'Inde et de la Chine n'ont cessé d'insister depuis toujours sur l'importance d'une alimentation saine. Et l'on connaît le célèbre aphorisme d'Hippocrate : « Que ton médicament soit ta nourriture, et ta nourriture ton remède. » De même pour Dioscoride qui attachait une grande importance à l'alimentation, à l'exercice physique et aux bains. Même approche encore au Moyen Âge chez la célèbre abbesse Hildegarde de Bingen qui, au XIIe siècle, insistait sur l'importance du régime alimentaire et mettait en garde à juste titre contre les excès de viande.

Au moment où l'on découvre les bienfaits du régime dit « méditerranéen », basé notamment sur une plus grande consommation de fruits et de légumes, la généralisation de ces pratiques alimentaires devrait être une des préoccupations majeures de tous les acteurs du monde de la Santé [1].

Autre précaution touchant directement le monde du médicament : la préservation de la biodiversité. On sait par exemple que les sites naturels de l'harpagophytum, omniprésent dans le traitement de l'arthrose et des douleurs rhumatismales, s'appauvrissent de manière inquiétante en Afrique du sud-ouest. Dans ce cas comme dans cent autres, il n'est plus possible, aujourd'hui, de se contenter de récolter les plantes actives dans la nature. Pour les préserver, leur culture s'impose. Il n'est pas davantage admissible de « pirater » les ressources des pays du tiers-monde sans que ceux-ci n'obtiennent une juste rétribution de leurs apports.

L'accord passé entre les laboratoires Merck et un laboratoire privé du Costa Rica, Inbio, illustre ce problème de l'intéressement des pays détenteurs de ressources biologiques — plantes et animaux — par les laboratoires qui les étudient et les exploitent. Merck avait dégagé à cette fin une somme

---

[1]. On lira sur ce thème mes ouvrages *Des Légumes* (Fayard, 1993) et *Des Fruits* (Fayard, 1994).

d'un million de dollars sur deux ans, soit une très faible part du budget de recherche de l'entreprise. En échange, la firme se voyait reconnaître le droit d'expérimenter sur toutes les ressources biologiques du Costa Rica et de prendre des brevets, le cas échéant, sur les nouveaux composés découverts. Inbio devait alors recevoir 5 % des royalties produites par ces brevets et s'en servir pour promouvoir la recherche en matière de conservation de la biodiversité, particulièrement grande dans ce petit pays. Mais l'État costaricain ne l'a point entendu de cette oreille et, pour finir, le contrat a été modifié de telle sorte que 50 % des royalties dévolues à Inbio reviennent en définitive aux parcs nationaux du Costa Rica. Premier résultat, quoique modeste, de la Convention internationale sur la biodiversité issue des travaux du sommet de la Terre réuni à Rio en juin 1992 mais qui aurait, aux toutes dernières nouvelles, abouti à un échec.

La mondialisation exige une stricte moralisation des pratiques ultralibérales, surtout en matière de médicaments et de santé publique. Elle doit être strictement encadrée par des garde-fous de nature à limiter ses excès et à corriger les inégalités inacceptables qu'elle génère, sur le plan de l'accès aux soins, entre les riches et les pauvres. De puissants organismes internationaux de santé publique doivent pouvoir être mis en place, disposant de leur propre système de production de médicaments, parallèlement à l'offre souvent inaccessible des grandes multinationales de la pharmacie. La recherche fondamentale, en particulier, ne saurait en aucune mesure être négligée au profit exclusif de la recherche-développement, mais elle doit être nourrie par des moyens suffisants dans le cadre du secteur public.

Mais qui dit recherche fondamentale dit aussi liberté de l'imagination, de la création, bref, liberté de l'esprit ! Tout le contraire de ces « autoroutes de la recherche » où chacun copie son voisin ou s'enferme dans le cadre strict de programmes préétablis, imposés par les organismes de gestion de la recherche qui, par nature, laissent peu de place à l'initiative et au rêve ! Claude Bernard disait : « Je me compare à un chiffonnier : avec mon crochet à la main et ma hotte sur le dos, je parcours le domaine de la science et je ramasse ce que je trouve... » Et Pierre Potier d'ajouter :

« Cette vision fugitive du génial Claude Bernard, tel un chiffonnier sur les chemins de la science, attentif aux petits faits d'importance, donne une belle leçon d'humilité aux scientifiques engagés sur les voies de la connaissance. À l'heure où des milliards de francs sont engagés sur le laborieux séquençage du génome humain, cet autoportrait du fondateur de l'observation physiologique ramène à la réalité de la recherche scientifique. Non, nous n'aurons pas de réponse-miracle après avoir identifié tous les gènes ! Tout au plus disposerons-nous d'un matériel nouveau, les gènes, qu'il faudra décoder, expliciter, interpréter. Mais, aujourd'hui comme hier, nous ne ferons pas l'économie de l'observation pour aborder la complexité du vivant. En cela, l'étude des substances naturelles a depuis longtemps suivi les chemins de traverse. Bien souvent, les molécules actives sont découvertes par hasard ou à partir d'une utilisation empirique. »

L'éminent chercheur poursuit :

« Aujourd'hui, cette chimie thérapeutique issue des substances naturelles doit plus que jamais puiser des idées et des molécules au sein du magasin du Bon Dieu. Avec une exigence supplémentaire : intégrer la préservation et la conservation de ces richesses. Nous ignorons la majeure partie de ce trésor, et déjà nous le malmenons au lieu de le protéger en lieu sûr. À la place, les hommes jouent aux apprentis sorciers et tentent de créer davantage de diversité génétique. Cela fait seulement quinze ans que les scientifiques ont effectué des transferts de gènes sur les plantes. Quel est le devenir de ces modifications génétiques ? Aucun généticien ne peut réellement prédire le meilleur ou le pire. À côté de ces manipulations d'avant-garde, nous laissons mourir sous nos yeux une nature à la diversité génétique inégalée. Des milliards d'années ont rendu possibles ces sélections successives afin d'aboutir à des organismes infiniment adaptés et diversifiés. L'Homme voudrait imiter cette fabuleuse entreprise en une génération ! Prométhée aussi souhaitait voler le feu, et Icare se rapprocher du Soleil. Allons-nous continuer à nous brûler les ailes ? La nature est là : elle a encore bien des secrets à nous révéler et des remèdes à nous fournir... Ouvrons les yeux ! »

Voulons-nous préserver une nature qui est encore si loin de nous avoir livré tous ses secrets ? Ou préférerons-nous nous fabriquer une nouvelle nature sur mesure, qui émanerait de notre instinct de domination sur la Création ? Préférerons-nous l'orgueil du docteur Faust à la candeur du Petit Prince, tout ému par la découverte des beautés du monde ? Voilà l'enjeu du siècle qui s'ouvre devant nous.

Quelques formules d'infusions et de décoctions recommandées

Les formules qui suivent ne sauraient en aucune manière se substituer à un traitement médical. Elles n'évitent donc pas la consultation d'un médecin chaque fois que le besoin s'en fait sentir.

En revanche, elles apporteront un bienfait naturel, confirmé par une tradition séculaire. Tantôt elles accéléreront le retour à la santé, tantôt elles atténueront des troubles chroniques persistants.

Contre les troubles nerveux, elles agiront d'autant mieux que l'organisme n'est pas encore — ou n'est plus — accoutumé aux médications chimiques (somnifères et tranquillisants, notamment).

Il est aisé de préparer soi-même ces mélanges, éventuellement avec des plantes récoltées directement dans la nature. De nombreux troubles bénins, passagers ou chroniques, seront éliminés ou atténués par la consommation de ces médications simples et naturelles.

AÉROPHAGIE

20 g fruits de fenouil
20 g fruits de coriandre
10 g fruits de carvi
30 g feuilles de menthe
30 g feuilles de mélisse

*20 g de ce mélange par litre d'eau en infusion.
À boire chaud après les repas.*

ANGINE

20 g feuilles de ronce
50 g racines de guimauve
30 g racines de saponaire
50 g racines de réglisse

*50 g de ce mélange par litre d'eau en décoction.
En gargarismes 4 fois par jour.*

ANXIÉTÉ - PALPITATIONS

30 g pétales de coquelicot
40 g parties aériennes d'Eschscholzia
50 g parties aériennes de passiflore
50 g sommités fleuries d'aubépine
50 g feuilles d'oranger

*20 g de ce mélange par litre d'eau en infusion.
Une tasse 3 fois par jour.*

ARTHROSE - RHUMATISMES - MAL DE DOS

30 g racines d'Harpagophytum (griffe du diable)
60 g écorces de saule

Les nouveaux remèdes naturels

    40 g feuilles de cassis
    30 g feuilles de frêne
    40 g sommités fleuries de reine des prés

20 g de ce mélange par litre d'eau en décoction.
Une tasse 3 fois par jour.

ARTÉRIOSCLÉROSE
    80 g feuilles d'olivier
    80 g feuilles d'artichaut
    30 g feuilles de noyer

20 g de ce mélange par litre d'eau en infusion.
Une tasse 3 fois par jour.
Consommer une demi-gousse d'ail par jour.

BRONCHITE
    50 g feuilles d'eucalyptus
    50 g bourgeons de pin
    50 g sommités fleuries d'Erysimum
    50 g mélange d'espèces pectorales (mauve, guimauve, violette, coquelicot, bouillon blanc, pieds-de-chat, tussilage à parties égales)

20 g par litre d'eau en infusion.
Quatre tasses par jour loin des repas.

BRÛLURES LÉGÈRES - HÉMATOMES
    30 g de fleurs d'Arnica
    80 g de sommités fleuries de millepertuis

20 g par litre d'eau en infusion.
En applications locales.

On peut aussi faire des applications locales d'huile d'olive dans laquelle macèrent des pétales de lis.

CIRCULATION VEINEUSE - VARICES - JAMBES LOURDES

50 g feuilles d'hamamélis
60 g feuilles de vigne rouge
50 g feuilles de noisetier
40 g noix de cyprès

20 g par litre d'eau en infusion.
Une tasse 3 fois par jour.

COLITE SPASMODIQUE

50 g feuilles de menthe
30 g fruits d'anis vert
50 g feuilles de mélisse
40 g sommités fleuries de salicaire

20 g par litre d'eau en infusion.
Une tasse 30 minutes avant les repas.

CONSTIPATION

80 g fleurs de mauve
50 g racines de guimauve

20 g par litre d'eau en décoction.
Une tasse après les repas.
Prendre en outre, pendant le repas du soir, une cuillère à café de graines d'ispaghul et une cuillère à café de graines de psyllium.

Les nouveaux remèdes naturels

CYSTITE

    30 g sommités fleuries de bruyère
    30 g feuilles de busserole
    50 g piloselle (plante entière)
    20 g stigmates de maïs

20 g par litre d'eau en infusion.
Une tasse 3 fois par jour.

DIARRHÉE

    30 g écorces de chêne
    30 g racines de bistorte
    20 g fruits secs de myrtille
    40 g feuilles de ronce

20 g par litre d'eau en infusion.
Une tasse 3 fois par jour.
Faire une diète avec du riz et des carottes à l'eau.
Boire du thé noir.

DIGESTION DIFFICILE

    20 g fruits d'anis vert
    20 g fruits d'aneth
    40 g feuilles d'artichaut
    40 g racines de chicorée
    20 g feuilles de mélisse

20 g par litre d'eau en infusion.
Une tasse 3 fois par jour après les repas.

Les nouveaux remèdes naturels

ECZÉMA

Traitement interne
- 50 g racines de bardane
- 20 g écorces de bouleau
- 20 g racines de saponaire
- 60 g feuilles d'artichaut

20 g par litre d'eau en décoction.
Une tasse 3 fois par jour.

Traitement externe
- 60 g feuilles de matricaire
- 60 g feuilles de sauge officinale
- 40 g de pensée sauvage

20 g par litre d'eau en infusion.
En application locale.

FIÈVRE

- 50 g écorces de saule
- 50 g sommités fleuries de reine des prés

20 g par litre d'eau en infusion.
Une tasse 4 fois par jour.

GASTRITE

- 50 g racines de réglisse
- 30 g fruits de coriandre
- 30 g feuilles de mélisse
- 50 g feuilles de verveine
- 50 g racines de chicorée

20 g par litre d'eau en infusion.
Une tasse avant les repas.

Les nouveaux remèdes naturels

GRIPPE

    50 g écorces de saule
    50 g sommités fleuries de reine des prés
    20 g fleurs de sureau noir
    20 g sommités fleuries de thym
    20 g sommités fleuries de marjolaine

20 g par litre d'eau en infusion.
Une tasse 4 fois par jour.

HÉMORROÏDES

    50 g feuilles de vigne rouge
    50 g feuilles d'hamamélis
    40 g noix de cyprès
    20 g rhizomes de potentille-tormentille
    30 g feuilles de noisetier

20 g par litre d'eau en infusion.
Une tasse 3 fois par jour.
Éviter les aliments épicés.

HYPERTENSION

    30 g feuilles d'olivier
    20 g feuilles de gui
    30 g sommités fleuries d'aubépine

20 g par litre d'eau en infusion.
Deux tasses par jour.
Consommer une demi-gousse d'ail par jour.

ICTÈRE

    30 g feuilles de boldo
    60 g feuilles d'artichaut

Les nouveaux remèdes naturels

    60 g fruits de chardon marie
    60 g sommités fleuries de romarin

20 g par litre d'eau en infusion.
Une tasse 3 fois par jour.

INSOMNIE

    30 g racines de valériane
    50 g sommités fleuries d'aubépine
    50 g parties aériennes de passiflore
    50 g fleurs de tilleul
    20 g racines de nénuphar
    50 g feuilles d'oranger

20 g par litre d'eau en infusion.
Une tasse au coucher.
S'abstenir ou tenter un sevrage de tout médicament chimique qui affaiblirait l'effet de l'infusion.

LARYNGITE

    30 g sommités fleuries d'érysimum
    40 g racines de guimauve
    60 g racines de ronce
    30 g fleurs de guimauve

40 g par litre d'eau en infusion.
En gargarismes six fois par jour.

NAUSÉES - VOMISSEMENTS

    40 g feuilles de verveine
    40 g feuilles de mélisse
    40 g feuilles de chardon bénit

Les nouveaux remèdes naturels

20 g par litre d'eau en infusion.
Boire au moment des nausées, chaud, avec du miel.

ŒDÈME DES CHEVILLES ET DES JAMBES

30 g sommités fleuries d'orthosiphon
50 g racines de pissenlit
30 g fleurs de sureau
30 g fragon épineux (plante entière)
50 g sommités fleuries de vergerette du Canada

20 g par litre d'eau en infusion.
Huit tasses à boire dans la journée.

OLIGURIE (espèces diurétiques)

30 g queues de cerise
30 g racines de chiendent
20 g stigmates de maïs
20 g piloselle (plante entière)
20 g feuilles de busserole

20 g par litre d'eau en infusion.
Trois tasses par jour, loin des repas.

RHINOPHARYNGITE

30 g feuilles d'eucalyptus
20 g sommités fleuries d'hysope
40 g sommités fleuries de thym
50 g bourgeons de pin sylvestre

20 g par litre d'eau en infusion.
Une tasse 4 fois par jour.

Les nouveaux remèdes naturels

SINUSITE

Traitement interne
- 50 g sommités fleuries de thym
- 20 g baies de genièvre
- 50 g bourgeons de pin
- 40 g feuilles d'eucalyptus

20 g par litre d'eau en infusion.
Une tasse 3 fois par jour.

Traitement externe
3 inhalations par jour, sur un bol d'eau bouillante additionnée d'une poignée de feuilles d'eucalyptus.

TISANE SUDORIFIQUE (en cas de grippe, par exemple)
- 50 g sommités fleuries de bourrache
- 50 g fleurs de sureau

20 g par litre d'eau en infusion.
Une tasse le midi et le soir avant le coucher.

TOUX
- 50 g pétales de coquelicot
- 40 g fleurs de mauve
- 20 g sommités fleuries de lierre terrestre
- 20 g sommités fleuries de serpolet
- 20 g fleurs de lavande

20 g par litre d'eau en infusion.
Quatre tasses par jour, avec du miel.

Les nouveaux remèdes naturels

ULCÈRE VARIQUEUX

Traitement interne
50 g feuilles d'hamamélis
50 g feuilles de vigne rouge
40 g feuilles de noisetier
20 g sommités fleuries de millefeuille

20 g par litre d'eau en infusion.
Une tasse 3 fois par jour.

Traitement externe
50 g graines de psyllium
80 g d'hydrocotyle (plante entière)
60 g feuilles d'hamamélis

30 g par litre d'eau en décoction.
Appliquer en compresses.

BIBLIOGRAPHIE

Ouvrages de référence

Bruneton Jean, *Pharmacognosie, phytochimie et plantes médicinales*, 3ᵉ édition, Éd. Tec & Doc et Éditions médicales internationales, 1999.

Des Sources du Savoir aux Médicaments du Futur (sous presse), *Actes du 4ᵉ Congrès Européen d'Éthnopharmacologie*, Metz, France, 11-13 mai 2000, IRD et Société française d'éthnopharmacologie, 1 rue des Récollets, Metz.

Dewick Paul, *Medicinal natural products, a biosynthetic approach*, John Wiley & Sons Ltd., Chichester, Angleterre, 1997.

Le Dictionnaire des médicaments, Vidal, Paris, 2000.

Éthnopharmacologie, Sources, Méthodes, Objectifs, *Actes du 1ᵉʳ Congrès Européen d'Éthnopharma-*

cologie, Metz, France, 23-25 mars 1990, ORSTOM et Société française d'éthnopharmacologie, 1 rue des Récollets, Metz, 1991.

GIROUD Jean-Paul et HAGÈGE Charles Gilles, *Le Guide de tous les médicaments*, Rocher, Collection pratique, 2001.

HOSTETTMANN K., *Tout savoir sur le pouvoir des plantes, sources de médicaments*, Favre, Lausanne, Suisse, 1997.

POTIER Pierre et CHAST François, *Le Magasin du Bon Dieu, les extraordinaires richesses thérapeutiques des plantes et des animaux*, J.-C. Lattès, 2001.

SAMUELSSON Gunnar, *Drugs of natural origin, a textbook of pharmacognosy*, 4th revised edition, Apotekarsocieteten, Stockholm, Sweden, 1999.

WICHTL Max et ANTON Robert, *Plantes thérapeutiques — Tradition, Pratique officinale, Science et Thérapeutique*, Tec & Doc et Éditions Médicales internationales, 1999.

Chapitre 1 – Quand l'aspirine retrouve une nouvelle jeunesse

BOUCHERLE André, 1990, *Histoires et légendes du médicament*, Éditions de Santé, Paris.

BRIARD Clotilde, « En 1897, Félix Hoffmann découvre l'aspirine », *Le Moniteur des Pharmacies*, n° 2198, 25 janvier 1997, pp. 36-38.

WEISSMANN Gérald, « L'aspirine », *Pour la Science*, n° 161, mars 1991, pp. 34-41.

Chapitre 2 – Quel avenir pour les antibiotiques ?

Boyé Jean-Paul, *Vies et morts des antibiotiques*, Éd Médicis-Entrelacs, Collection Santé : Renouveaux et Découvertes, Orsay, 2000.

Bud R., « Les Enjeux de la découverte de la pénicilline », *La Recherche*, décembre 1997.

Desnottes J.-F., « Quels antibactériens pour après-demain ? », *La Recherche*, n° 314, novembre 1998, pp. 70-73.

« Du bon usage des antibiotiques », *Science & Vie*, n° 981, juin 1999, p. 18.

« Antibiotiques, la résistance des bactéries », *La Recherche*, n° 314, novembre 1998, pp. 50-77.

Chapitre 3 – Vivre vieux et en bonne santé grâce au ginkgo

Le ginkgo biloba, 1992, Laboratoires Beaufour, Paris.

Benkimoun Paul, « Ces 286 médicaments "inutiles" remboursés par la Sécurité sociale, suivi d'une interview de Jean-Paul Giroud, Chef du service de pharmacologie clinique à l'hôpital Cochin de Paris », *Le Monde*, samedi 18 septembre 1999.

Giroud Jean-Paul et Hagège Charles Gilles, *Le Guide de tous les médicaments*, Rocher, Collection pratique, 2001.

Michel P.-F., *Ginkgo biloba, l'Arbre qui a vaincu le temps*, Éditions du Félin, Paris, 1985.

« Le Grand Toilettage de la pharmacopée française », *Le Monde*, samedi 7 août 1999.

« Le groupe américain Pfizer concentre ses efforts sur les médicaments qui améliorent la vie des séniors », *Le Monde*, vendredi 2 juillet 1999.

« Les 835 médicaments inutiles », *Libération*, 7 juin 2001.

Chapitre 4 – Les aphrodisiaques, mythe ou réalité ? Le cas du ginseng

G115, le seul extrait de ginseng qui a un nom, Lab. Boeringer.

BLANVILLAIN Jean-Marie, « Le Ginseng, la racine-homme », *Hommes & Plantes*, n° 13, Printemps 1995, pp. 28-31.

CHOMAT Jean-Claude, *Le Ginseng, racine de longue vie*, Dangles, Collection « Santé naturelle », 1999.

KHAITZINE Richard, *Le Ginseng ou la quête de l'immortalité*, Henri Veyrier, 1989.

WAGNER H., NÖRR H. and WINTERHOFF H., Plant Adaptogens, *Phytomedicine*, vol. 1/1994, pp. 63-76.

Chapitre 5 – Peut-on soigner la dépression par les plantes ? Le cas du millepertuis

BRATMAN Steven, *Millepertuis, la plante du bonheur*, Les Éditions de l'Homme, 1999.

British Medical Journal, 2 septembre 2000, pp. 536-539.

ERNST E., « St. John's Wort, an anti-depressant ? A systematic, criteria-based review », *Phytomedicine*, vol. 2 (1), pp. 67-71, 1995.

HARRER Gerhart et al., « Comparaison de l'équivalence entre millepertuis (extrait LoHyp-57) et Fluoxetine » (Prozac(®), *Arzneim. Forsch. Drug Res.*, 49 (1), N° 4, 1999.

HOFFMANN J. und KÜHL E.-D., « Therapie von depressiven Zuständen mit Hypericin, Zeitschrift für Allgemeinmedizin », Heft 12, S. 776-782, 30 April 1979.

ÖZTÜRK Y. et al., Effects of Hypericum perforatum L. and Hypericum calycinum L. extracts on the central nervous system in mice, *Phytomedicine*, vol. III (2), 1996, pp. 139-146.

PISCITELLI S.C. et al., *The Lancet*, 355, 547, 2000. (Incompatibilité du millepertuis avec la ciclosporine.)

PHILIPP Michael et KOHNEN Ralf, « Extrait de millepertuis contre Imipramine (Tofranil®) ou placebo chez des patients atteints d'une dépression modérée », *British Medical Journal*, vol. 319, du 11 décembre 1999.

RUSCHITZKA F. et al., *The Lancet*, 355, 548, 2000.

Chapitre 6 – Contrer la montée du paludisme par l'armoise chinoise

BOUCHERLE André, *Histoires et légendes du médicament*, Éditions de la Santé, 1990.

KLAYMAN D.L., « Qinghaosu (Artemisinin) : an antimalarial drug from China », *Science*, 228, pp. 1049-1055.

LOZOYA Xavier, « La Recherche des simples », *Pour la Science*, n° 241, novembre 1997, pp. 34-39.

NOUCHI Franck, « Les Fronts du paludisme », *Le Monde*, 24 juillet 1991.

PELT Jean-Marie, *La Médecine par les plantes*, Fayard, Réed. 1986.

SEILLIER Nathalie, « *Artemisia annua* L. et traitement du paludisme », thèse d'État de docteur en Pharmacie, faculté des sciences pharmaceutiques et biologiques, université Nancy I, 1997.

TRIGG P.I., « Qinghaosu (artemisinin) as an antimalarial drug », In *Economic and medicinal plant research*, Wagner H., Hikino H., Farnsworth N.R., Academic press Ltd., vol. 3, pp. 20-55.

Chapitre 7 – De nouveaux anticancéreux : L'if et la pervenche de Madagascar

FILLIPIS V. de, « Pillage des connaissances des guérisseurs », *Libération*, 15 décembre 1999.

GUÉRITTE-VOEGELEIN F., GUÉNARD D. et POTIER P., « Substances anticancéreuses d'origine végétale. Les poisons du fuseau : vincaleucoblastine, leurocristine et navelbine ; taxol et taxotère », *Comptes rendus de la Société de biologie*, 186, 1992, pp. 433-440.

LAVELLE F., GUÉRITTE-VOEGELEIN F. et GUÉNARD D., « Le Taxotère : des aiguilles d'if à la clinique », *Bulletin de cancérologie*, 80, 1993, pp. 326-338.

POTIER Pierre, CHAST François, *Le Magazin du Bon Dieu : les extraordinaires richesses thérapeutiques des plantes et des animaux*, J.-C. Lattès, 2001.

POTIER Pierre, « La Corne d'abondance est encore pleine », *Pour la Science*, n° 241, novembre 1997, pp. 30-32.

Rossion Pierre, « Razzia sur le vivant », *Science & Vie*, n° 978, mars 1999.

Vaisman Sylvia, « Médicaments, la chasse à l'or vert », *Sciences et Avenir*, janvier 1998.

Chapitre 8 – Lutter contre la douleur : la montée en puissance de la morphine

Gavériaux-Ruff C., Matthes H.W.D., Peluso J. et Kieffer B.L., « Abolition of morphine-immunosuppression in mice lacking the u-opioid receptor gene », *Proc. Natl. Acad. Sci.*, USA, 95, 6326-6330.

Melzack Ronald, « Des douleurs inutiles », *Pour la Science*, n° 150, avril 1990, pp. 24-31.

Chapitre 9 – Faut-il réhabiliter le cannabis ?

Benkimoun Paul, « Les vertus médicales du cannabis redécouvertes », *Le Monde*, jeudi 30 mars 2000.

Grinspoon Lester et Bakalar James, *Cannabis, médecine interdite*, Éditions du Lézard, 1995.

Hadengue Tigrane, Verlomme Hugo, Michka, 19, *Le Livre du Cannabis*, Georg Éditeur, Genève 99.

Piomelli Daniele, « Le cannabis : de la drogue au médicament », *La Recherche*, n° 323, septembre 1999, pp. 58-64.

Roques Bernard, Rapport Roques, demandé par M. Bernard Kouchner, secrétaire d'État à la Santé, sur les problèmes posés par la dangerosité des différents toxiques et psychotropes, y compris l'alcool et le tabac, souvent associés à la prise d'autres drogues, juin 1998.

SIMONNOT Philippe, « Le kif du Rif », *Le Monde*, jeudi 10 août 1995.

VINCENT Jérôme, « Cannabis, Le médicament interdit », *Sciences & Avenir*, n° 580, juin 1995, pp. 48-51.

Chapitre 10 — Réhabiliter les plantes maudites : le tabac

DELAVEAU Pierre, *Plantes agressives et poisons végétaux*, Horizons de France, 1974.

LE HOUEZEC Jacques, « Nicotine : abused substance and therapeutic agent », *J. Psychiatry Neurosci*, 23 (2), 1998, pp. 95-108.

MARUBIO Lisa M. et al., « Reduced antinociception in mice lacking neuronal nicotinic receptor subunits », *Nature*, vol. 398, 29 april, 1999, pp. 805-810.

PELT Jean-Marie, *Drogues et plantes magiques*, Fayard, 1983.

PICCIOTTO Marina R. et al., « Acetylcholine receptors containing the β2 subunit are involved in the reinforcing properties of nicotine », *Nature*, vol. 391, 8 jan., 1998, pp. 173-177.

PICCIOTTO Marina R. et al., « Abnormal avoidance learning in mice lacking functional high-affinity nicotine receptor in the brain », *Nature*, 374, 1995, pp. 65-67.

SCHAEFFER Laurent et al., « Implication of a multisubunit Ets-related transcription factor in synaptic expression of the nicotinic acetylcholine receptor », *European Molecular Biology*

Organization, vol. 17, n° 11, 1998, pp. 3078-3090.

ZOLI Michele et al., 1999, Increased neurodegeneration during ageing in mice lacking high-affinity nicotine receptors, *European Molecular Biology Organization,* vol. 18, n° 5, pp. 1235-1244.

Chapitre 11 – Le retour des animaux en thérapeutique

KREIG Margaret, *La médecine verte à la recherche des plantes qui guérissent,* Plon, 1968.

PLOTKIN Mark, *Les médicaments du futur sont dans la nature,* First, 2000.

SOUTIF Maurice, « La nature pharmacienne », *Géo,* n° 213, novembre 1996.

Chapitre 12 – Antalgiques et anticancéreux issus de la mer

BONGIORNI Lucia & PIETRA Francesco, « Marine natural products for industrial applications », *Chemistry & Industry,* 15 January 1996.

FLANDROY Lucette, « Des molécules venues de la mer », *Biofutur,* n° 149, octobre 1995, pp. 24-28.

HILL Russell T. et MURPHY Peter, « L'océan pharmacien », *Biofutur,* n° 179, juin 1998, pp. 34-37.

KERR Russell G. & KERR Stacey S., « Marine natural products as therapeutic agents »,

Exp. Opin. Ther. Patents, 9 (9), 1999, pp. 1207-1222.

McConnell Oliver J. et al., « The discovery of marine natural products with therapeutic potential », *Biotechnol. Ser.*, 26, 1994, pp. 109-174.

Munro M.H.G. et al., « The discovery and development of marine compounds with pharmaceutical potential », *Journal of Biotechnology*, 70, 1999, pp. 15-25.

Verbist Jean-François, « Métabolites secondaires d'origine marine à intérêt pharmacologique », ARCHIMEX « Actifs issus des produits de la mer », Vannes, 15 juin 2000.

Verbist Jean-François, « La mer contre le cancer », *Biofutur*, n° 179, juin 1998, pp. 38-39.

Chapitre 13 – Et l'homéopathie ?

Boiron Christian et Rémy Jean, *L'Homéopathie, un combat scientifique*, Albin Michel, 1990.

Acupuncture & Médecine traditionnelle chinoise, Phytothérapie & Aromathérapie, Homéopathie, Le Livre de l'année, 1994/1995, 1996.

Homéopathie, tome 1, Le Traité, *Encyclopédie des Médecines naturelles*, sous la direction de Pierre Cornillot, Frison-Roche, Paris, 1995.

Chapitre 14 – Pour finir, une tasse de thé

Laurens Alain, Lebœuf Michel et Cavé André, « Les surprenantes vertus du thé vert », *La Recherche*, n° 308, avril 1998, pp. 54-57.

Les nouveaux remèdes naturels

LEBOT Vincent et LÉVESQUE Joël, « Le kawa, un remède contre le stress ? », *La Recherche*, n° 295, février 1997, pp. 84-88.

MONNIER Yves, « Destin de plantes », *Hommes & Plantes*, n° 28, hiver 1998/99, pp. 13-38.

INDEX DES MATIÈRES

Aconit : 67, 91, 241.
Adriamycin® : 173.
Agrastat® : 202.
Alcaloïdes : 128-131, 133, 149, 192, 195.
Algue bleue : 224.
Allantoïde : 213.
Ammoniac : 213.
Anandamide : 169.
Ancistrocladus korupensis : 10 n. 1.
Ancrod : 202.
Anesthésiques : 213.
Antalgiques : 215, 274.
Antibiotiques, les : 18, 35-57, 112, 211, 213, 220, 254, 274.
Anticancéreux : 123-143, 220, 221, 274.
Anticoagulants : 212.
Antidépresseurs : 94, 98, 99, 103, 105, 184, 275.
Antiémétiques : 173.
Anti-inflammatoires : 32.
Antimalariques : 111.
Antipaludiques, antipaludéens : 111-113, 115.
Antiprotéase : 104.
Antipsychotiques : 169.
Antistatine : 212.
Anxiolytiques : 184, 275.
Anydrovinblastine : 131.

Apocynacées, famille des : 125.
Araliacées, famille des : 84.
Arbre aux quarante écus : 66 ; voir *Ginkgo biloba*.
Arnica : 241.
Arsenic : 247.
Arsunax® : 117.
Artééther : 117.
Artémether : 117.
Artemisia annua (ou armoise chinoise ou « ginghao ») : 107, 109, 113-114, 121.
Artémisinine (ou « ginghaosu ») : 114-116, 118, 119, 124.
Artésunate : 117.
Arvin® : : 202.
Aspirine : 21, 23-33, 150, 245-247, 267.
Aspirine® : 27.
Avoparcine : 51, 52.
AZT : 10.

Barbituriques : 166.
Belladone : 91.
Benzodiazépines, les : 11.
Bilobalide : 70.
Bryostatine : 225.
Bruyère : 24.

Cacao : 257, 258.
Café : 241, 257, 258, 260, 264, 265.

Caféine (ou théine) : 258, 264.
Calanolides, les : 10.
Calophyllum inophyllum : 10 n. 2.
Camélia : 262.
Caméliacées, famille des : 262.
Cannabidiol : 172.
Cannabinoïdes : 169, 170, 184.
Cannabis (ou chanvre indien ou Marijuana) : 18, 162, 163-185, 191, 196.
Cantharidine : 214, 215.
Captopril® : 200 .
Catharantine : 131.
Céphalosporine : 43, 48.
Céphalosporine C : 219, 220.
Chanvre indien : voir cannabis.
Chloramphenicol : 42.
Chloroquine : 111, 112, 115, 116.
Ciclosporine : 56, 104, 230.
Ciguë : 146.
Citron : 69.
Coca : 150, 167.
Cocaïne : 26.
Coffea : 241.
« Conotoxines » : 227.
Contorstratine : 203.
Corticoïdes : 128.
Cryptophycines, les : 225.
Cytarabine® : 219, 230.

Datura : 162, 193.
Dermaseptines : 204.

Dextromoramide : 151.
Diacétyl-morphine : voir héroïne.
Digitale : 91.
Dihydroartémisinine : 116.
Discodermolides, les : 229.
Dolastine : 221.
Dolastine 10 : 225.
Dolosal® : 151.

Égline : 212.
Éleutherobine : 224, 225.
Encens : 36.
Épibatidine : 205-207, 215.
Épiboxidine ou ABT-594 : 207.
Érythromycine : 48.

Fève : 197.
Fève d'Égypte : 147.

Gaulthérie : voir wintegreen.
Ginkgo biloba (gınkgo, ou « Arbre aux quarante écus ») : 16, 59-75, 82, 123.
Ginkgolides : 69.
Ginkgolide-B : 70.
Ginkor® : 70.
Ginsana® : 88, 91.
Ginseng (*Panax ginseng*) : 16, 71, 77-92, 123 ; ginseng rouge et ginseng blanc : 86.
Ginsénosides : 87, 89 ; G 115 : 88.

Halfan® : 113.
Halochondrine B : 229.

Les nouveaux remèdes naturels

Halofantrine : 113.
Halopéridol® : 194.
Harpagophytum : 277.
Hémentine : 211.
Héparine : 210.
Héroïne : 150, 151, 153, 185.
Hirudine : 209-211.
Hypéricine : 98, 101, 102.
Hyperforat® : 102.
Hyperforine : 98, 102.

Ibuprofène : 32.
If (*Taxus*) : 134-141, 224.
If du Pacifique (*taxus brevifolia*) : 137 et n. 1.
Indométacine : 32.

Jusquiame : 67, 162.

Kawa : 165, 258.

Laitue vireuse : 162.
Lariam® : 113.
Laudanum de Sydenham : 147.
Lépirudine : 210.
Lierre : 84.

Mandragore : 78, 162.
Marihuana : voir cannabis.
Marinol® : 167, 172.
Marronnier : 84.
Méfloquine : 113, 116, 117.
Méthadone : 151.
Michellamine-B : 9.

Millepertuis (*Hypericum*, ou *Fuga demonium*) : 16, 93-105, 123, 275.
Mons specilanus (ou « mont des épices », ginkgo) : 66.
Morphine : 26, 145, 148-162, 167, 169, 170, 191, 205, 206, 215, 228.
Morphiniques : 150, 151.
Muguet : 83.
Myrrhe : 36, 37.

Nabelbine® : 124, 132, 133, 142.
Naloxone : 205.
Nénuphar : 162.
Nicotiana : 188, 189 ; voir tabac.
Nicotiana africana : 189.
Nicotine : 191-195, 207.
Nivaquine® : 111.

Oncovin® : 128.
Opiacés : 166, 170, 205, 207, 228.
Opioïdes : 160.
Opium : 145-148, 150, 162, 167, 191, 196, 205.
Ornatine : 212.
Osier : 21.
Ouabaïne : 125.

Palfium® : 151.
Paluther® : 116.
Panax ginseng : voir ginseng.
Panax quinquefolium : 79 n. 1.
Paracétamol : 27, 32.
Pavot : 145, 147, 161.

Les nouveaux remèdes naturels

Penicillinase : 45, 53 enzyme.
Pénicilline : 40-42, 44-46, 48, 53, 219.
Penicillium : 38, 41.
Penicillium chrysogenum : 41.
Penicillium notatum : 39, 41.
Pervenche bleue : 125.
Pervenche de Madagascar : 125-133, 137.
Péthidine : 151.
Pexiganine : 54.
Pharmaton® : 88.
Phénacétine : 32.
Piper methisticum : 165 et n. 1.
Pollens : 249.
Prozac® : 94, 100.
Psychotropes : 274.
Pyramidon : 32.
Pyroxicam : 32.

Quinine : 110, 111, 116-118.
Quinquina : 23, 110, 237, 238, 240.

Rauwolfia serpentina : 11.
Réfludan® : 210.
Reine-des-prés : voir spirée.
Rhus toxicodendron (ou Sumac vénéneux) : 249.

Salicine, acide salicylique : 23-25, 32 ; voir aspirine.
Salicylés, les : 25, 27, 29, 31, 32 ; voir aspirine.
Saule (*Salix*) : 21-23.
Scopolamine : 193.
Sédatifs : 177.

Skenan® : 156.
Soja, graines de : 37.
Somnifères : 177.
Spirée (ou Reine-des-prés) : 23-24, 26, 32.
Streptomycine : 42-44.
Stupéfiants : 150.
Sulfamides : 42.
Synercid® : 54.

Tabac (ou *Nicotiana tabacum* ou *tabacco*) : 18, 164, 180, 181, 185, 187-196.
Tanakan® : 70, 74.
Taxol : 136-142, 224.
Taxotère® : 124, 139, 141, 142.
Tétracycline : 46.
Téprotide : : 200.
THC (tétrahydrocannabinol) : 166-170, 172, 176, 177, 183, 191.
Thé : 257-269 ; thé vert : 263-267 ; thé noir : 263, 264.
Théacées, famille des : 262.
Théine : 264 ; voir caféine.
Théobromine : 258.
Théophylline : 258,, 264.
Thériaque : 146.
Tifomycine® : 42.
Tirofiban : : 202.
Tylopocladium inflatum : 55 n. 1.

Urokinase : 267.

Vancomycine : 45, 51, 54.
Velbé® : 128.

Les nouveaux remèdes naturels

Venins : 199-208.
Viagra® : 81, 94, 215.
Vidarabine® : 219, 230.
Vin : 268-269.
Vinblastine : 127-130.
Vincamine : 125.
Vincristine : 128, 129.
Vindoline : 131.

Wintergreen (*Gaultheria procumbens*, ou thé du New Jersey, ou thé du Canada) : 24 et n. 1, 32.

Yarsin® : 102.

Ziconotide® : 228.

INDEX DES NOMS

ALEXANDRE DE TRAL : 147.
ALEXIS Nikolaïevitch, tsarévitch, fils de Nicolas II : 28.
AMURAK IV, Grand Turc : 188.
AVOGADRO, Amedeo di Quaregna e Ceretto, comte : 243.

BAKALAR, James : 170 et n. 1, 175 n. 1, 178 n. 1, 183 et n. 1.
BALICK, Mickael : 14.
BAUDELAIRE, Charles : 165.
BENVENISTE, Jacques : 244.
BERGMAN, Pr : 230.
BERNARD, Claude : 237, 279.
BOIRON, Jean : 247.
BREKHMAN, Pr : 88.
BROTZU, Dr Fiuseppe : 219.
BRUCE : 261.
BRUNETON, Pr Jean : 89 et n. 1.

CABALION, Pierre : 72.
CAOURCE, Auguste : 24.
CATHERINE DE MÉDICIS : 188, 190.
CAVÉ, André : 265 et n. 1, 267.
CAVENTOU, Joseph : 110.

CHAIN, Dr Ernst : 40.
CHANGEUX, Pr Jean-Pierre : 191.
CHAOUI, Ahmed : 246 et n. 1.
CHAST, François : 124 n. 1.
CHEN NONG, empereur chinois : 67.
CHOMAT, Jean-Claude : 79, 80.
CIER, André : 247.
COLBERT, Jean-Baptiste : 189.
COLOMB, Christophe : 187.
COREY, Pr Elias : 70.
CROMWELL, Oliver : 260.
CURIEN, Hubert : 252.

DALÉCHAMP : 188.
DALY, Dr John : 205, 206.
DEL GIUDICE, E. : 244, 245 n. 1.
DESCARTES, René : 255.
DEVANE, William : 169.
DIOSCORIDE : 96, 135, 146, 197, 276.
DOUTREMEPUICH, Pr : 245.
DRESER, Heinrich : 149.

EBERS, G., papyrus d' : 37, 145.
EHRLICH, Dr Paul : 26.

FABRE, Pierre : 133.

FÉNICAL, Dr : 223, 224.
FLACOURT, Étienne : 125.
FLEMING, sir Alexander : 35, 38-42.
FLOREY, Dr Howard Walter : 40, 41.
FREEMAN, Dr : 38.
FURUKAWA : 69.

GALIEN : 96, 146, 165, 198, 239.
GANDHI, Mohandas Karamchand, dit le Mahatma : 11.
GARRAWAY, Thomas : 260.
GAUTHIER, Théophile : 165.
GAY-LUSSAC, Louis Joseph : 148.
GE HANG : 113.
GERHARDT, Charles : 25.
GIROUD, Pr Jean-Paul : 74 et n. 1, 91.
GOETHE, Johann Wolfgang von : 68.
GOULD, Dr Robert : 201, 202.
GOULD, Pr Stephen Jay : 172.
GRASS, Hans : 48.
GRINSPOON, Lester : 170 et n. 1, 175 n. 1, 178 n. 1, 183 et n. 1.
GUÉNARD, Daniel : 138.
GUISE, duc de : 188.
GUIZOT, François : 235.
GYÖRGYI, Dr Szent : 69.

HAGÈGE, Charles Gilles : 91.
HAHNEMANN, Samuel : 235-240, 242, 252-254..
HATSHEPSOUT, reine d'Égypte : 36.
HAUSSMANN, Georges, baron : 65.
HAYCRAFT, Pr : 209, 210.
HEIDEGGER, Martin : 35.
HEISNER, Dr : 214.
HERKENHAN, Miles : 168.
HILDEGARDE DE BINGEN, abbesse : 276.
HIPPOCRATE : 21, 37 ; serment d' : 183, 276.
HOFFMANN, Félix : 25, 26.
HOFFMANN, R. : 25.

JARTOUX, le P., jésuite : 78, 79.
JONAS, W. : 248.
JUSTINIEN, empereur romain : 147.

KAEMPFER, Engelbert : 68.
KISSINGER, Henry : 82.
KOCH, Joseph : 43, 44.
KOUCHNER, Bernard : 180, 182 et n. 1.
KRIES, Ludwig : 25.

LAFITAU, le P. : 79.
LANGLOIS, Nicole : 131.
LARREY, Dominique, baron : 213.
LAURENS, Alain : 265 n. 1, 267.
LAVOISIER, Antoine Laurent de : 148.

Les nouveaux remèdes naturels

LEBŒUF, Michel : 265 n. 1, 267.
LEE, Bruce : 83.
LEROUX, Pierre-Joseph : 23.
LINDE, K. : 248.
LINNÉ, Carl von : 68, 79 n. 1, 188.
LI SHIZHEN : 113.
LISTER, Dr Joseph : 38.
LOUIS XIV : 79-83, 110.

MAKOVSKI, Lee : 141.
MANGENET, Pierre : 131.
MAO Zedong : 82.
MARC AURÈLE : 146.
MARCOS, Ferdinand : 82.
MARKLAND, Dr Francis : 203.
MATSUDA, Lisa : 168.
MAZARIN, Jules : 261.
MECHOULAM, Raphaël : 167, 169.
MEISSNER, Wilhem : 149.
MELZACK, Ronald : 158, 159 et n. 1.
MING, dynastie des : 259.
MOLIÈRE, Jean-Baptiste Poquelin, dit : 146, 251.
MOREAU DE TOURS, Dr Jacques : 165.

NAKANISHI, Koji : 69.
NAPOLÉON Ier : 148, 189, 213.
NÉRON : 135.
NEWHOUSE, Dr Paul : 194.
NICOLAS II, empereur de Russie : 28.
NICOT, Jean : 188.

NOBLE, Pr Ralf : 126, 127.

OLIVERA, Pr : 227.
ORLÉANS, Philippe, duc d' : 80.
O'SHAUGHNESSEY, Dr William : 166.
OUSERTAT, scribe égyptien : 209.

PARACELSE, Theophrastus Bombastus von Hohenheim, dit : 97.
PELLETIER : 110.
PENTHIÈVRE, duc de : 80.
PERRY, Samuel : 159.
PÉTIGNY, M. de : 66.
PLINE l'Ancien : 96, 146, 214.
PLOTKIN, Mark : 198 et n. 1.
POLO, Marco : 78.
POLONOVSKI : 131.
PORTA, Jean-Baptiste : 22.
POTIER, Marie-France : 130.
POTIER, Pr Pierre : 124 et n. 1, 130, 132-134, 138, 142, 143, 233, 279.
PRAVAS, Charles Gabriel : 149.
PREPARATA, G. : 244, 245 n. 1.

RAMSÈS II : 189.
RAMUZIO : 260.
RASPOUTINE, Grigori Iefimovitch : 28.
REILLY, Dr David : 248.
RICCI, Matteo, jésuite : 260.

Les nouveaux remèdes naturels

SADE, Donatien Alphonse François, comte de, dit le marquis de : 214.
SAUNDERS, Dr Cicely : 155, 156.
SAWYER, Dr Roy : 211.
SCHWEITZER, Dr Albert : 152.
SCOTT, John : 158.
SEGUIN, Armand : 148.
SERTURNER, Friedrich : 148.
SHEN NONG, empereur chinois : 77, 267-268.
SHERMAN, Dr : 213.
SOCRATE : 146.
SONG, dynastie des : 259.
STEFFAN, F. : 193 n. 1, 231 n. 1.
STONE, Edmund : 22.
STRIKER, Franz : 25.
SVOBODA, Pr : 127, 128.
SYDENHAM, Thomas : 147.

TALLEYRAND-PÉRIGORD, Charles Maurice de : 90.
TANG, dynastie des : 259.
TERVINI, Mélanie : 255.
THÉOPHRASTE : 146.
THÉVET, André, père cordelier : 188.
TITO, Josip Broz, dit, maréchal yougoslave : 83.
TOURETTE, Gilles de la (syndrome de) : 194.
TOURNEFORT, Jean Pitton de : 188.
TWYCROSS, Robert : 157.
TYNDALL, Dr John : 38.

URBAIN VIII [Maffeo Barberini], pape : 188.

VANE, Dr John : 29.
VERBIST, Pr Jean-François : 218.
VILLEMER, Marianne von : 68.
VITIELLO, G. : 245 n. 1.
VUILLEMIN : 39.

WAKSMAN, Abraham : 42-43.
WILDE, Oscar : 214.
WOOD : 149.

YOUKMAN, F. : 11.

Table

Quand la nature guérit... 9

Chapitre 1
Quand l'aspirine retrouve une nouvelle jeunesse... 21

Chapitre 2
Quel avenir pour les antibiotiques ? 35

Chapitre 3
Vivre vieux et en bonne santé grâce au ginkgo ... 59

Chapitre 4
Les aphrodisiaques, mythe ou réalité ?
Le cas du ginseng 77

Chapitre 5
Peut-on soigner la dépression par les plantes ?
Le cas du millepertuis 93

Chapitre 6
Contrer la montée du paludisme par l'armoise chinoise 107

Chapitre 7
De nouveaux anticancéreux :
l'if et la pervenche de Madagascar 123

Chapitre 8
Lutter contre la douleur : la montée en puissance de la morphine 145

Chapitre 9
Faut-il réhabiliter le cannabis ? 163

Les nouveaux remèdes naturels

Chapitre 10
Réhabiliter les plantes maudites : le tabac 187

Chapitre 11
Le retour des animaux en thérapeutique 197

Chapitre 12
Antalgiques et anticancéreux issus de la mer 217

Chapitre 13
Et l'homéopathie ? 235

Chapitre 14
Pour finir, une tasse de thé 257

Et demain ? 271

Quelques formules d'infusions et de décoctions
recommandées 283

Bibliographie 297

Index des matières 309

Index des noms 315

Du même auteur

Les Médicaments, coll. « Microcosme », Seuil, 1969 (épuisé).
Évolution et sexualité des plantes, Horizons de France, 2ᵉ éd., 1975 (épuisé).
L'homme renaturé, Seuil, 1977 (Grand prix des lectrices de *Elle*. Prix européen d'Écologie. Prix de l'académie de Grammont) (réédition 1991).
Les Plantes : amours et civilisations végétales, Fayard, 1980 (nouvelle édition revue et remise à jour, 1986).
La Médecine par les plantes, Fayard, 1981 (nouvelle édition revue et augmentée, 1986).
Drogues et plantes magiques, Fayard, 1983 (nouvelle édition).
La Prodigieuse Aventure des plantes (avec J.-P. Cuny), Fayard, 1981.
La Vie sociale des plantes, Fayard, 1984 (réédition 1985).
Mes Plus Belles Histoires de plantes, Fayard, 1986.
Le Piéton de Metz (avec Christian Legay), Serpenoise, Presses universitaires de Nancy, Dominique Balland, 1988.
Fleurs, Fêtes et Saisons, Fayard, 1988.
Le Tour du monde d'un écologiste, Fayard, 1990.
Au fond de mon jardin (la Bible et l'écologie), Fayard, 1992.
Le Monde des plantes, coll. « Petit Point », Seuil, 1993.
Une Leçon de nature, l'Esprit du temps, diffusion PUF, 1993.
Des Légumes, Fayard, 1993.
Des Fruits, Fayard, 1994.
Dieu de l'univers, science et foi, Fayard, 1995.
Paroles de nature, coll. « Carnets de sagesse », Albin Michel, 1995.

De l'univers à l'être, réflexions sur l'évolution, Fayard, 1996.
Les Langages secrets de la nature, Fayard, 1996.
Plantes en péril, Fayard, 1997.
Le Jardin de l'âme, Fayard, 1998.
Plantes et aliments transgéniques, Fayard, 1998.
La Plus Belle Histoire des plantes (avec M. Mazoyer, T. Monod et J. Girardon), Seuil, 1999.
La Cannelle et le Panda, Fayard, 1999.
La terre en héritage, Fayard, 2000.
Variations sur les fêtes et les saisons, Le Pommier, 2000.
À l'écoute des arbres, Photographies de Bernard Boullet, Albin Michel Jeunesse, 2000.
La vie est mon jardin. L'intégrale des entretiens de Jean-Marie Pelt avec Edmond Blattchen, émission *Noms de Dieux*, RTBF/Liège, Alice Éditions, Diff. DDB, Belgique, 2000.
Robert Schuman, Père de l'Europe, éd. Conseil Général de la Moselle et Serge Domini, 2001.

Cet ouvrage a été composé par
PARIS PHOTOCOMPOSITION
75017 Paris

*Achevé d'imprimer en août 2001
sur presse Cameron
par* **Bussière Camedan Imprimeries**
*à Saint-Amand-Montrond (Cher)
pour le compte des Éditions Fayard*

35-57-1216-01/7

ISBN 2-213-61016-9

Dépôt légal : septembre 2001.
N° d'Édition : 14177. – N° d'Impression : 013754/4.

Imprimé en France